T0279961

LA CIENCIA EN CUESTIÓN

ANTONIO DIÉGUEZ

LA CIENCIA EN CUESTIÓN

DISENSO, NEGACIÓN Y OBJETIVIDAD

herder

Diseño de la cubierta: Toni Cabré

© *2023, Antonio Diéguez*
© *2024, Herder Editorial, S. L., Barcelona*

ISBN: 978-84-254-5076-1

Imprenta: Sagràfic
Depósito legal: B-249-2024
Printed in Spain - Impreso en España

herder

Índice

Para Elena, Ana y Elenita,
que me dan fuerzas

Introducción

La forma en que se lleva a cabo la investigación científica ha experimentado transformaciones que la alejan de la imagen tradicional que todavía predomina en la mente de muchas personas. Algunos de estos cambios se han producido a raíz de que una gran parte de la investigación científica se transformara en tecnociencia a partir de la Segunda Guerra Mundial. La ciencia ha establecido una estrecha unión con una tecnología sofisticada, que se convierte en su producto cada vez más explícitamente buscado, y también en su condición misma de posibilidad, puesto que sin ella no sería posible avanzar en la investigación en casi ningún ámbito relevante. La mencionada noción de tecnociencia pretende, justamente, recoger este hecho que ha cambiado la forma en que se desarrolla y practica profesionalmente la ciencia. La sociología y la filosofía de la ciencia llevan tiempo analizándolo (Echeverría, 2003). Pero no es solo eso lo que importa.

En décadas recientes hemos sido testigos de cambios sustanciales que afectaban a la propia imagen pública de la ciencia y que todavía no han podido recibir análisis suficientemente detallados. Entre ellos, ha sido muy preocupante la manifestación pública, sobre todo a través de las redes sociales, de un aparente debilitamiento de la confianza en la ciencia por parte de ciertos sectores de la población. Manifestación que iba acompañada de un auge de discursos anticientíficos emitidos por líderes políticos y de opinión, que han comenzado a tener una influencia completamente inmerecida. A veces, estos discursos expresaban un claro sentimiento anticiencia que, por su radicalidad, centraba la atención del público, dando la impresión de que la ciencia estaba perdiendo a pasos agigantados el prestigio y la aceptación de la que ha gozado hasta ahora. Durante la pandemia de COVID-19 pudieron verse con total claridad estas tendencias irracionalistas que antes parecían menos arraigadas. La ciencia, en efecto, ha padecido también sus propias dolencias durante la larga y recurrente enfermedad. Se dijo que todo iba a salir transformado, incluso mejorado. Era obviamente una exageración. Todo no, pero sí hay cosas que han aparecido a una nueva luz, dejando ver que lo que pensábamos de ellas necesitaba de una seria reconsideración, y la ciencia parece haber sido una de esas cosas.

No se me entienda mal, no estoy afirmando que haya aumentado la desconfianza hacia la ciencia en general. Hay indicios de que en realidad lo que ha aumentado ha sido más bien la confianza en ella debido a los éxitos obtenidos en la lucha contra el coronavirus. Así ha sucedido claramente en algunos países, como ha mostrado un estudio del Wellcome Global Monitor de 2020. La extensión y la duración de este aumento de la confianza solo podrán determinarse mediante estudios empíricos más amplios, bien articulados y con cierta continuidad temporal. El problema que señalo no es ese, sino el de la fuerza con la que ha sonado el discurso mal informado sobre lo que es la ciencia, sobre su funcionamiento y la validez de sus resultados, cuando paradójicamente los que más desinformaban eran los que más se quejaban de estar siendo silenciados y censurados. Ha sido muy preocupante el eco que este discurso ha encontrado en algunos medios de comunicación. Pero más preocupante aún es que este discurso está lejos de haber emprendido la retirada. Sigue ahí, insistiendo en sus extrañas ideas, que continúan reclamando respuestas adecuadas. Si estas respuestas no son suficientes, o no llegan a las personas a las que debería llegar, entonces, según creo, sí que se corre el peligro de que las actitudes anticientíficas, pseudocientíficas y negacionistas, ancladas ahora con frecuencia en posiciones políticas extremas, vayan en aumento en el futuro.

La razón principal de este libro ha de buscarse en esta preocupación, que a mí —he de admitirlo— me perturba con fuerza. Como alguien dedicado a la filosofía de la ciencia desde hace ya más de tres décadas, me pareció que no debía permanecer ajeno a la polémica, que podía hacer una pequeña contribución en este debate, intentando explicar qué es realmente la ciencia desde la perspectiva de esta disciplina, qué es lo que cabe esperar de ella y por qué algunas de las críticas que se han hecho contra ella y las supuestas alternativas que se vienen sugiriendo están desencaminadas, cuando no francamente equivocadas. Es lo que he pretendido hacer en las páginas que siguen. Ofrezco una versión personal de estas cuestiones, pero creo que no demasiado alejada de la que aceptarían la mayoría de mis colegas en este campo.

En este libro hago una defensa de varias tesis y una crítica de otras. Defiendo el naturalismo, el falibilismo débil, el realismo y el objetivismo. Critico el negacionismo, la anticiencia y las pseudociencias. Defiendo, en última instancia, a la ciencia, pero evitando o desmintiendo algunos tópicos habituales. El lector dirá si lo he hecho de forma convincente, o, al menos, de forma que pueda constituir una buena base para el debate.

1. ¿Qué es la ciencia en realidad (y no en la imagen idealizada), si no hay tal cosa como el método científico?

Leyendo la historia de la ciencia desde 1700, podríamos llegar a la conclusión de que [la ciencia] cambió porque los científicos extendieron el *alcance* de sus temas, reaplicando continuamente a nuevos fenómenos un «método científico» común. La verdad es más interesante. Cuando los científicos se trasladaron a la geología histórica, la química o la biología sistemática, y más tarde a la fisiología y la neurología, el electromagnetismo y la relatividad, la evolución y la ecología, no emplearon un repertorio único de «métodos» o formas de explicación. Cuando acometieron cada nuevo campo de estudio, lo primero que tuvieron que averiguar fue *cómo* estudiarlo.

S. TOULMIN, *Cosmopolis. The Hidden Agenda of Modernity*

¿Qué conclusión podemos extraer acerca del método científico? Puedo encontrar poca coincidencia acerca de lo que podría ser realmente, y la razón es, por lo que concluyo, que no existe tal cosa. Si el método científico es para generar conocimiento científico, entonces no hay nada que pueda ser a la vez un método y tener la suficiente generalidad como para ser llamado *el* método científico. Sugiero que en su lugar hay un espectro de métodos, reglas prácticas, principios metodológicos generales y preceptos heurísticos, todos los cuales desempeñan algún papel en la generación del conocimiento científico. [...] Una razón por la que algunos aspectos de la actividad científica no pueden ser vistos como sujetos al método científico es que pertenecen al ámbito del genio, de la imaginación y de la invención.

A. BIRD, *Philosophy of Science*

Definición tentativa de la ciencia

Sería solo una leve exageración afirmar que la tarea de definir la ciencia es casi tan difícil como la de hacerla. Si unos años atrás me hubieran preguntado por el concepto de ciencia, me habría centrado en los aspectos epistemológicos, que son los que trataron de defender los criterios de demarcación entre ciencia y no ciencia propuestos por los filósofos, como la archiconocida falsabilidad de Popper. Habría sugerido algo cercano a la caracterización de la ciencia que le doy a mis alumnos en la asignatura de Filosofía de la Ciencia al comienzo de cada curso académico, para, a continuación, explicarles que no se aten a ella porque durante el curso veremos todos los motivos por los que no funciona. Habría dicho que la ciencia es una forma de conocimiento estructurado sistemáticamente, no una mera recopilación de observaciones o datos, que busca ante todo la explicación y la predicción de los fenómenos (pero también la comprensión) y para ello su recurso fundamental es el establecimiento de leyes universales bajo las cuales encuadrar esos fenómenos. Habría dicho que ese conocimiento se consigue gracias al cumplimiento de las normas de un método crítico basado en la contrastación empírica de las hipótesis formuladas, a ser posible en lenguaje matemático, que garantiza la objetividad y la corrección rápida de los errores. Gracias al seguimiento de estas normas se consigue el amplio acuerdo de la comunidad científica en cuestiones centrales, lo que a su vez posibilita el rápido progreso en los conocimientos (Diéguez, 2020, pp. 114-115).

No estaría mal del todo para hacerse una idea general de la ciencia si no fuera porque muchas disciplinas científicas no encajan en esta caracterización. Para empezar, leyes universales en sentido estricto, es decir, generalizaciones universales no accidentales, solo las hay en la física y en la química (y aun esto es objeto de controversia). En filosofía de la biología sigue siendo un asunto en discusión si hay genuinas leyes biológicas, no reductibles a leyes químicas, y algo similar sucede con la economía y las demás ciencias sociales. La biología y la economía son «ciencias basadas en modelos», y en ellas, más que buscar leyes como recursos explicativos y predictivos, lo que se busca son modelos de diverso tipo, pero fundamentalmente modelos teóricos formulados matemáticamente. Las características y el modo de funcionamiento de los modelos en la ciencia son muy diferentes de los que tradicionalmente se ha atribuido a las leyes científicas y en estos momentos el estudio de estas peculiaridades es uno de los campos más activos de la filosofía de la ciencia. En cuanto al Método Científico (con mayúsculas), como procedimiento estandarizado usado por igual en todas las ciencias, sencillamente no existe. Esta afirmación puede sonar controvertida, pero la justificaremos a continuación. Lo que existe es una diversidad de métodos usados en las distintas ciencias, que además cambian con el tiempo. Finalmente, el acuerdo o el consenso no es la norma en las áreas punteras de investigación, en las que suele predominar el disenso y la disputa sobre hipótesis rivales, a veces incluso sobre cuestiones fundamentales. Por lo demás, esta definición se centra en lo que es la ciencia como cuerpo de conocimiento, pero no nos dice nada acerca de la ciencia como actividad, como institución social, como elemento de la cultura. Así que, si partimos de ella, es solo para comprobar que es en sus limitaciones donde pueden rastrearse los rasgos de la ciencia tal como se practica y no tal como nos la presentan las simplificaciones al uso.

Aclaremos que lo que vamos a decir en este libro se refiere fundamentalmente a las ciencias empíricas, no a las ciencias formales, como son la lógica, la matemática, y en cierta medida también la lingüística formal o las facetas teóricas, lógicas y matemáticas de las ciencias de la computación. Las ciencias empíricas versan sobre cuestiones de hecho y, por tanto, la validez de sus teorías o hipótesis ha de ser comprobada a través de la experiencia (observación o experimentación). Las ciencias formales, en cambio, versan sobre entidades abstractas o estructuras formales y establecen teoremas o relaciones lógicas entre enunciados que no son puestos a prueba empíricamente (o, al menos, no por lo habitual, aunque los ordenadores estén cambiando esto), sino mediante procedimientos formales basados en reglas preestablecidas y en el uso fundamental de inferencias deductivas. Las ciencias empíricas, a su vez, son de dos tipos. Por un lado, las ciencias naturales, que versan sobre fenómenos naturales, como la física, la química, la biología y otras muchas disciplinas que mezclan aspectos de ellas o que se construyen teóricamente sobre ellas (biofísica, bioquímica, astrofísica, ciencias de la Tierra, geografía física, paleontología, neurofisiología, etc.). Por otro lado, las ciencias sociales, que versan sobre fenómenos sociales y humanos, como la sociología, la economía, la psicología, la antropología social, la ciencia política, la geografía humana, la arqueología, etc. En la figura 1 podemos ver el esquema de esta clasificación.

Esta gran diversidad de disciplinas no impide, sin embargo, establer una serie de objetivos que, al menos de forma ideal, son centrales para todas las ciencias, aunque en algunos casos se pueda dar preeminencia a alguno de ellos frente a los otros. Sin ánimo de ser exhaustivos, estos objetivos o fines de la ciencia en su forma actual serían los siguientes:

- ⁎ Explicar, comprender y predecir fenómenos.
- ⁎ Determinar qué tipo de entidades y procesos explican el funcionamiento del universo.
- ⁎ Crear conceptos y herramientas matemáticas de utilidad en dichas explicaciones.
- ⁎ Encontrar regularidades en los fenómenos (en forma de leyes matemáticas, a ser posible).
- ⁎ Buscar teorías crecientemente comprehensivas y coherentes.
- ⁎ Servir de base al desarrollo tecnológico.

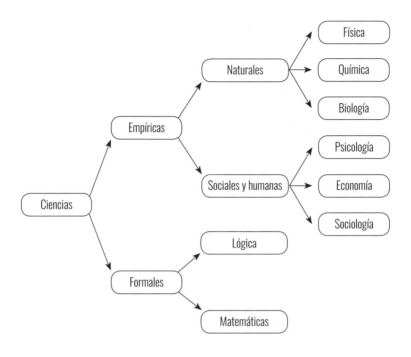

Figura 1. Clasificación de las principales ciencias

Obsérvese que, a diferencia de algunas ramas de la filosofía, como la epistemología o la ética, la ciencia carece de fines normativos, es decir, no pretende establecer lo que *debe ser* la realidad, sino solo *cómo es de hecho* y *por qué es así*. Eso no quita, claro está, que el conocimiento de ciertos hechos pueda ser relevante a la hora de sustentar o modificar nuestras normas epistémicas, sociales, morales o de otro tipo. Desde una perspectiva naturalista, como la que aquí defenderemos, hay siempre alguna conexión relevante entre hechos y valores, pese a que la tendencia haya sido casi siempre separarlos de forma tajante. Además, como aclararemos después, la ciencia está impregnada de valores que marcaron su origen histórico y que son ineludibles en su propio funcionamiento cotidiano. De hecho, muchas personas llegan a pensar que los valores de la ciencia —e incluso los resultados científicos concretos— pueden chocar con sus propios valores. Por ejemplo, hay quien considera (otra cuestión es si acertadamente o no) que la teoría de la evolución, aplicada al ser humano, va en contra de sus valores religiosos o que la tesis de que hay un cambio climático de origen antropogénico es ideológica y contraria a sus preferencias políticas. No se trata de negar que esas cosas suceden. Lo que queremos decir es que el discurso científico no es un discurso prescriptivo en sí mismo. No dicta normas absolutas ni mandatos categóricos. No nos dice «haz A» o «lo que debes hacer es A», sino que, a lo sumo, nos proporciona buenas razones para mantener normas hipotéticas del tipo «Si tu objetivo es X, haz A» (o, mejor, «el medio más eficaz para lograr X es A»). La ciencia no nos dice, pues, qué fines conseguir, o cuáles deben ser nuestras prioridades. Nuestros fines dependen de valores previos sobre los que la ciencia, en principio, no tiene mucho que decir. Durante una pandemia, por ejemplo, la ciencia no puede proporcionarnos orientación sobre las prioridades en la gestión, que no solo incluirán factores relacionados con la salud y la vida de las personas, sino también factores económicos, sociales, políticos, etc. Ahora bien, una vez establecidos esos objetivos y prioridades, algo que en las sociedades democráticas corresponde hacer a los gobernantes y legisladores legítimamente elegidos, la ciencia puede decirnos en muchos casos cómo alcanzarlos con mayor rapidez, acierto y seguridad.

Además de este carácter no normativo, cabe señalar otras diferencias claras entre la ciencia y la filosofía. Por ejemplo, la mayor radicalidad (raíz) de la filosofía. Pero no debe entenderse esto en el sentido de que la ciencia no haga preguntas fundamentales, puesto que sí las hace, como cuando trata de averiguar cómo fueron los primeros instantes del universo o el origen de la vida, sino únicamente en el sentido de que la ciencia no analiza sus presupuestos como forma de conocimiento, mientras que la filosofía sí lo hace, hasta llegar a los cimientos de sus propias pretensiones de validez. También es bastante evidente que en la metodología hay diferencias importantes. En la ciencia solemos encontrar, aunque no en todos los casos, un alto grado de matematización y de experimentación, cosa que no es habitual en filosofía. No se trata de una diferencia absoluta. Algunas partes de la filosofía recurren de forma habitual al lenguaje formal de la lógica y la matemática y, de forma mucho más indirecta y pausada, también las ideas filosóficas se confrontan con la realidad a través de la experiencia y con los resultados establecidos por la ciencia. Puede decirse que hay tesis metafísicas, como el mecanicismo, el dualismo o la negación del pensamiento animal, que han terminado siendo abandonadas porque se habían tornado insostenibles o muy implausibles a la luz de lo que conocemos gracias al desarrollo de las ciencias. No obstante, hay que admitir que la contrastabilidad empírica no es un requisito exigible en la filosofía, como sí suele serlo en la ciencia.

Dentro de las disciplinas filosóficas, el contenido de este libro puede encuadrarse en la *filosofía de la ciencia*. La filosofía de la ciencia es la reflexión sobre los aspectos lógicos, epistemológicos, metodológicos, axiológicos, ontológicos, institucionales y prácticos de la ciencia. Reflexiona sobre la ciencia en tanto que actividad humana y también sobre su producto, que es el conocimiento científico. Para deshacer un malentendido común, hay que subrayar que la filosofía de la ciencia no pretende, al menos de forma directa, ser de utilidad a los científicos, y mucho menos pretende mejorar su trabajo. Si consigue hacerlo será sin duda un resultado bienvenido, pero no es su objetivo fundamental. Nada de lo que la filosofía de la ciencia hace tiene por qué interesarle necesariamente al científico para desarrollar su labor y, por otro lado, los científicos ya saben muy bien hacer ciencia sin necesidad de recurrir a la filosofía de la ciencia.

Suele atribuirse al físico y premio Nobel Richard Feynman, aunque nadie cita nunca el origen concreto de la frase, haber dicho que la filosofía de la ciencia es aproximadamente tan útil para los científicos como la ornitología lo es para los pájaros. Quizás sea excesivo el dictamen, pero no le falta algo de razón. Solo que nadie juzga el interés de la ornitología por la utilidad que pueda tener para los pájaros (pese a que la tiene, sin que los pájaros lo sepan, por ejemplo, como ayuda en la conservación de especies en peligro de extinción), por lo que tampoco parece muy atinado juzgar el interés de la filosofía de la ciencia solo por su utilidad para los científicos. El filósofo de la ciencia pretende que sus análisis sean de interés para la sociedad. Con todo, la filosofía de la ciencia ha sido útil en ocasiones para tratar algunos problemas científicos. En filosofía de la biología, pongamos por caso, los análisis de los filósofos han sido importantes para aclarar la noción de eficacia biológica (*fitness*), o para plantear en términos adecuados el problema de los niveles sobre los que actúa la selección natural, o para determinar en qué consiste la selección de grupo. En ocasiones ha habido investigaciones conjuntas entre biólogos y filósofos sobre estos temas.

Desde que se consolidó como disciplina autónoma a partir de la década de 1930, gracias a los trabajos de los miembros del Círculo de Viena, la filosofía de la ciencia ha desarrollado análisis sobre asuntos muy diversos. Entre ellos, algunos han sido ampliamente discutidos y divulgados: qué es la ciencia y cómo se produce en ella el avance del conocimiento; cuál es la base de su autoridad epistémica; cómo son, en sus aspectos globales y comunes, los procesos de cambio teórico y si son de carácter gradual o más bien revolucionario; cómo se confirman las teorías; cuál es el valor de la evidencia empírica en la aceptación de teorías y cuál el de otros factores de tipo social, cultural, histórico o axiológico; en qué consiste el progreso científico; y, por citar otro que me interesa particularmente, la filosofía de la ciencia pretende también dilucidar si las teorías científicas deben ser interpretadas como representaciones aproximadamente verdaderas de la realidad o más bien como herramientas conceptuales para hacer predicciones, manejar esa realidad y hacer tecnología.

1. ¿Qué es la ciencia en realidad (y no en la imagen idealizada)?

No podemos aquí tratar todas estas cuestiones, puesto que este no es un libro de introducción a la filosofía de la ciencia, pero sí es importante que dediquemos nuestra atención a la cuestión del método científico, tan controvertida para algunos, pero sobre la que se puede obtener bastante luz atendiendo a los especialistas que la llevan estudiado desde hace mucho tiempo.

El método científico no es el método de las ciencias

Hay quien todavía se sorprende de que la mayoría de los filósofos de la ciencia rechacen hoy la idea de un método científico, entendido como un conjunto único de reglas comunes a todas las ciencias que no solo sirve para realizar descubrimientos, sino también para justificarlos una vez realizados. Sin embargo, la razón de este rechazo es simple: si atendemos a los métodos que emplean realmente los científicos en sus investigaciones cotidianas, veremos una gran variedad de procedimientos entre los que es difícil, por no decir imposible, entresacar un mínimo común múltiplo que sintetice esa supuesta estrategia de investigación compartida por todas las ciencias. Si, no obstante, alguien se empeña en hacer algo así, como es a menudo el caso en algunos capítulos introductorios en libros de texto de diversas disciplinas, sobre todo de ciencias sociales, lo que sale, lo que se suele señalar como tal método, o bien son reglas demasiado triviales y generales que no sirven para nada a la hora de entrar en un laboratorio, o se incluyen preceptos que no toda ciencia puede cumplir, al menos de una forma relevante. Esos supuestos procedimientos metodológicos científicos generales que se mencionan con persistencia (observación, planteamiento de un problema, formulación de hipótesis que puedan dar solución a dicho problema, contrastación empírica de esas hipótesis por medio de predicciones que de ellas se deriven, revisión de las hipótesis a la luz de la evidencia empírica, eliminando las que fallen y elaborando otras nuevas que conduzcan a experimentos renovados etc.), no serían exclusivos de la ciencia. Son las mismas reglas que se emplean en la vida cotidiana para resolver numerosos problemas. Maarten Boudry lo ha explicado con acierto:

> Desde un punto de vista epistémico hay gran cantidad de cosas comunes entre lo que hace un biólogo en el laboratorio y lo que hace un fontanero cuando trata de localizar una filtración en las tuberías. El fontanero hace observaciones, pone a prueba diferentes hipótesis, realiza inferencias lógicas, etc. La principal diferencia es que trabaja sobre un problema relativamente mundano y aislado (mi fregadero), que es lo suficientemente simple como para que pueda confiar razonablemente en resolverlo, y lo suficientemente local como para no interesar a nadie más que a mí, por lo que no hace falta que asista a ningún congreso ni que envíe un artículo sobre mi cocina a una revista con revisión por pares. (Boudry, 2017, p. 37)

Podría replicarse que, aunque estos procedimientos se empleen en la vida diaria, en la ciencia se usan con mucha mayor sistematicidad y rigor, y ciertamente habría que estar de acuerdo en eso. ¿Diremos entonces que lo que caracteriza a la ciencia es la sistematicidad y el rigor en el uso de procedimientos que también son empleados fuera de la ciencia? Podríamos decirlo, ¿por qué no? De hecho, es así. Pero entonces ya no estaríamos hablando de *un* método científico, sino de un uso especial de procedimientos comunes, y habría en tal caso que precisar un poco más qué es lo realmente propio de la ciencia, porque no hay que olvidar que sistematicidad y rigor también puede haber fuera de ella (por ejemplo, en algunas partes de la filosofía o en la jurisprudencia), y que la sistematicidad y el rigor por sí solos no hacen que algo sea científico. Mario Bunge elaboró de forma esquemática, al final del capítulo 8 de su libro *La investigación científica,* una pequeña teoría axiomática sobre los fantasmas que nos enseña que se puede dar rigor matemático y, con ello, cierta apariencia de cientificidad a casi cualquier cosa, sin que realmente eso sea ciencia.

En la ciencia se emplean razonamientos inductivos, deductivos, abductivos, hipotético-deductivos, analógicos y todas las formas de inferencia que a lo largo de la historia se han considerado como modos válidos de razonar. Por mucho que se intentara reducir el método científico a una sola de ellas, como se hizo desde Bacon hasta los neopositivistas, con la inducción, o como hizo Popper con las inferencias hipotético-deductivas, hoy está bien establecido que ninguna de estas formas de inferencia puede arrogarse el papel protagonista en exclusiva, así como que también son formas de inferencia habituales fuera de la ciencia.

Lo que se presenta en los manuales y en algunos artículos de divulgación como el método científico proviene de una reconstrucción filosófica idealizada hecha sobre la diversidad de procedimientos científicos empleados en la realidad. En la forma que suele dársele, al modo de un algoritmo para resolver problemas compuesto por diversos pasos sucesivos y necesarios, tiene un origen muy concreto. Es formulado por primera vez en el capítulo 6 de la obra *Cómo pensamos*, del filósofo John Dewey, publicada en 1910 (Rudolph, 2005). Y como herramienta interpretativa para desentrañar las bases epistémicas de la ciencia quizás no carece de sentido. El problema es que esa idealización luego ha sido hipostasiada y fijada como un hecho evidente, como una verdad inmediata que surge del conocimiento de primera mano que los científicos tienen de su propio trabajo.

Paul Feyerabend (un filósofo que tiene más cosas que enseñar de lo que generalmente se cree), fue uno de los primeros en insistir en que las ciencias son tan dispares que no tiene demasiado sentido hablar de un método para la ciencia en general. La filosofía de la ciencia posterior le ha dado la razón en esto, y desde principios de la década de 1990, en especial desde el libro de Philip Kitcher *El avance de la ciencia*, publicado en 1993, no ha vuelto a aparecer una gran obra que ofrezca una nueva visión metodológica de la ciencia en general o una narrativa global sobre el cambio de teorías y el progreso científico. Lo que ha ocurrido es que han proliferado las filosofías de ciencias particulares (filosofía de la física, de la biología, de la economía, de la psicología, etc.) y estudios sobre aspectos metodológicos, epistemológicos o axiológicos que pueden afectar a varias ciencias (diseño experimental, procedimientos estadísticos, aspectos sociales e imagen pública de la ciencia, etc.). Sin embargo, como también nos dice Feyerabend, eso no significa que en la ciencia no haya métodos, sino que hay muchos, dependiendo de cada disciplina, y que son revisables y cambian con el tiempo y con el contexto. El dadaísmo epistemológico que él promovió no es más que un pluralismo metodológico.

El desarrollo histórico de la idea de un método científico puede rastrearse fácilmente en la bibliografía filosófica. Encontramos reflexiones al respecto en Aristóteles, Grosseteste, Bacon, Descartes, Galileo, Newton, Hume, Comte, Hershel, Mill, Whewell, Bernard, Duhem, Poincaré, Mach, Peirce, solo por citar algunos de los más importantes a lo largo de la historia (los cuatro últimos mueren en la segunda década del xx). No es de extrañar que la lista sea extensa y que se pueda prolongar aún más. La cuestión del método científico, o, si se quiere, del método para conseguir conocimiento firme y garantizado, preocupó a la filosofía desde sus inicios. En la antigüedad, la expresión más acabada de esa preocupación fue el *Organon* aristotélico. Si nos vamos a la aparición de la ciencia moderna, podríamos decir que los primeros metodólogos fueron Bacon, Descartes y Galileo. Este último, por cierto, seguía preso del ideal demostrativo de ciencia que preconizó Aristóteles y que Bacon quería superar. Lo que hizo Galileo fue, fundamentalmente, insistir en que las demostraciones científicas debían ser matemáticas. Descartes también creía en ese ideal demostrativo, pero centrado en las acciones causales y mecánicas entre los distintos cuerpos materiales. Podemos decir, pues, que el gran innovador fue Bacon, que, sin abandonar el ideal demostrativo por completo, sostuvo que los procedimientos inductivos podían conseguir mucho mejor ese objetivo.

Por influencia de Bacon, durante los siglos XVII, XVIII y buena parte del XIX se consideró que el método científico debía ser el método inductivo. Ya se sabe en qué consiste: observación cuidadosa con el fin de encontrar propiedades comunes (o ausencia de ellas) en una serie representativa de casos y generalización a partir de lo observado para establecer regularidades universales o conexiones causales, en forma de leyes si se puede. Hay otras modalidades de inferencias inductivas, pero esta es la principal. En contraste con la deducción, la inducción es un tipo de razonamiento no demostrativo, es decir, las premisas de las que se parte solo prestan un cierto grado de apoyo a la conclusión, y esta finalmente podría ser una conclusión falsa incluso partiendo de premisas verdaderas. A cambio, es una inferencia ampliativa, lo que significa que en la conclusión hay más información que la contenida explícita o implícitamente en las premisas, cosa que no sucede con la deducción. De ahí la necesidad de realizar un «salto inductivo» desde las premisas a la conclusión, salto que puede llevar a veces al error. Hasta Newton y Darwin rindieron pleitesía a la creencia de que así operaba siempre la ciencia, repitiendo que sus trabajos científicos fueron escritos siguiendo escrupulosamente el método inductivo. Era una falsedad evidente, al menos desde nuestra óptica actual, porque ni las tres leyes del movimiento o la ley de la gravedad de Newton, ni la selección natural de Darwin surgen de inferencias inductivas. Más bien encajan en lo que Peirce llamó, en el siglo XIX, razonamiento abductivo. Cuando Darwin dice que su libro *El origen de las especies* era «un largo argumento», tenía razón, pero no era un largo argumento inductivo como él pretendía, sino abductivo. Y, por supuesto, pese a su famoso *hipotheses non fingo,* Newton inventó numerosas hipótesis, incluso sobre la causa de la gravedad, como hizo en su *Óptica.*

En el siglo XIX, William Whewell y John Stuart Mill introdujeron la idea del método hipotético-deductivo, o método hipotético, como ellos lo llamaron. Luego Popper sacaría mucho partido de esta idea, sin citar apenas estos antecedentes. Mill no era el inductivista extremo que a veces se dice, y sostuvo incluso que en las ciencias sociales el método más conveniente era el método deductivo. El método hipotético-deductivo es el procedimiento que hemos descrito antes y que se presenta frecuentemente como el método científico: la ciencia procede formulando hipótesis para solucionar problemas, contrastando empíricamente esas hipótesis mediante la deducción de predicciones que pueden o no cumplirse en la realidad, y modificando las hipótesis en función del resultado obtenido en ese proceso.

Poco después el filósofo pragmatista Charles S. Peirce comenzó a analizar y formalizar un nuevo tipo de inferencia, la abducción, que, pese a ser muy usada, había pasado desapercibida. Una inferencia abductiva parte de un hecho sorprendente que necesita una explicación; para explicar ese hecho se buscan y examinan varias hipótesis alternativas que podrían explicarlo satisfactoriamente y, por último, se concluye aceptando provisionalmente la hipótesis que mejor explica ese hecho. La abducción es, pues, la forma de inferencia que establece la mejor explicación de un fenómeno a partir del conjunto de hipótesis elaboradas que podrían explicarlo. Por eso también se la conoce como «inferencia de la mejor explicación». Al igual que la inducción, es una forma de razonamiento no demostrativo y ampliativo.

En realidad, tanto en la ciencia como fuera de ella se emplean todas estas formas de inferencia: la deducción, la inducción, las inferencias hipotético-deductivas y la abducción. Por tanto, ninguna por sí sola constituye *el* método científico. Eso no significa que no haya separación entre las ciencias y las pseudociencias o las formas respetables de conocimiento no científico. Lo que ocurre es que no es necesario postular una serie de reglas fijas y universales exclusivas de la ciencia para formar una idea clara de lo que singulariza a la ciencia como modo de conocimiento. Lo aclara con nitidez Samir Okasha en su breve introducción a la filosofía de la ciencia:

> Ciertamente, conocemos algunos de los principales rasgos de la investigación científica: inducción, contrastación experimental, observación, construcción de teorías, inferencia de la mejor explicación, etc. Pero esta lista no proporciona una definición precisa del «método científico». Ni es obvio que se pueda proporcionar esa definición. La ciencia cambia grandemente con el tiempo, de modo que la suposición de que hay un «método científico» fijo, no cambiante, empleado por todas las disciplinas en todo tiempo, está lejos de ser inevitable. (Okasha, 2002, p. 125)

Coincide otro importante filósofo de la ciencia, Howard Sankey:

> El punto de vista tradicional es monista; de acuerdo con este, hay un único método, históricamente invariante y su uso es la característica principal que distingue la ciencia de lo que no es ciencia. A diferencia de la perspectiva monista tradicional, adopto un pluralismo metodológico, según el cual hay un conjunto de reglas metodológicas que emplean los científicos en la evaluación de teorías alternativas y en la aceptación de los resultados. Estas reglas son susceptibles de variación en la historia de la ciencia, y pueden emplearse diferentes reglas en diferentes campos de la ciencia. Dada la pluralidad de reglas, los científicos pueden divergir en las reglas que emplean, con el resultado que puede haber desacuerdo racional entre los científicos sobre cuestiones de hecho y elección de teorías. En tal visión pluralista de la ciencia, en tanto ningún método único es característico de la misma, las ciencias se caracterizan generalmente por la posesión de un conjunto de reglas metodológicas que dan cuenta de las decisiones prácticas y teóricas de los científicos. (Sankey, 2015, p. 87)

Y podrían ponerse muchos más ejemplos de filósofos de la ciencia que coinciden en esta posición.

Así pues, el método científico entendido de este modo es solo una idealización poco realista de la diversidad de métodos verdaderamente empleados en las distintas ciencias. Ni siquiera la capacidad de eliminación de errores mediante refutación empírica es exclusiva de la ciencia. Lo que hace que su aplicación en la ciencia sea vista como diferente y distintiva es el mayor rigor con el que se aplica, sobre todo por la posibilidad de matematización de las hipótesis, que permite una contrastación experimental más fiable. Es curioso, sin embargo, que esa matematización no suela ser incluida como un rasgo central del método (Blachowicz, 2009). Ahora bien, tanto la experimentación como la matematización, aunque formen parte del modo en que han sido desarrolladas y aceptadas muchas teorías científicas, están ausentes en muchos otros casos, así que tampoco pueden ser tomadas como características ineludibles y definitorias de la ciencia. No en todas las disciplinas científicas es posible la experimentación, o lo es solo de forma muy indirecta, ni en todas encontramos una formulación matemática de las hipótesis; y eso no hace a estas disciplinas menos respetables.

La sistematicidad, en cambio, ha tenido recientemente mejor suerte que estas propuestas y ha sido convertida por un influyente filósofo, el alemán Paul Hoyningen-Huene (2015), en la cualidad que mejor serviría para caracterizar a la ciencia. Él destaca nueve dimensiones posibles en las que buscar esta sistematicidad: las descripciones, las explicaciones, las predicciones, la defensa del conocimiento, el discurso crítico, la conexión epistémica, el ideal de completitud, la generación de conocimiento y la representación del conocimiento. No obstante, también a esto pueden hacerse algunas objeciones. Nadie puede negar que la ciencia es sistemática, pero, como decíamos antes, también hay sistematicidad en otros ámbitos de conocimiento. ¿Es lo decisivo, entonces, el *grado* y la *amplitud* de la sistematicidad? ¿Cabría decir que la ciencia es *sistemáticamente sistemática*? Sin duda es más sistemática en la puesta a prueba de sus teorías que ningún otro modo de comprender la realidad. Y, aunque esta capacidad para la contrastación empírica no sea la misma en todas las disciplinas —no es la misma en física que en economía, e incluso en física tenemos teorías incontrastables, al menos por el momento, como la teoría de cuerdas— el proyecto general de la ciencia es conducirla con sistematicidad hasta sus últimas consecuencias. Se ha argumentado de forma plausible (Bird, 2019) que, por ejemplo, fue esa sistematicidad la que puso en el camino de la ciencia a la medicina clínica a lo largo del siglo XVIII, contribuyendo a eliminar los prejuicios y a darle fiabilidad a los conocimientos obtenidos. Aunque esta propuesta no está exenta de críticas, a buen seguro merece atención, pero tenga éxito o no, lo que aquí nos interesa es que ella también se aleja de la idea del método científico como rasgo definitorio de la ciencia.

La actitud naturalista

Desde una perspectiva epistemológica, una de las características principales de la ciencia, que nos será de utilidad en el análisis de las pseudociencias que haremos en el capítulo 3 y al que no se le presta siempre la debida atención, es la actitud naturalista.

En este apartado defenderé que el naturalismo, en su modalidad metodológica, ha sido un elemento central del éxito explicativo de la ciencia y que tal hecho debería tener también implicaciones para la filosofía. Empezaré delimitando las modalidades principales del naturalismo. Haré una valoración sucinta de cada una de ellas y dedicaré mayor espacio a la defensa del naturalismo metodológico. Explicaré cuál es su papel en la ciencia y argumentaré que debe considerarse como una característica definitoria de la propia ciencia. Finalmente, aclararé con brevedad por qué creo que es aconsejable también la adopción de este naturalismo metodológico en la discusión filosófica.

El naturalismo, tal como se viene entendiendo en los debates filosóficos de las últimas décadas, tiene varias modalidades, pero pueden señalarse principalmente tres: el *naturalismo ontológico*, el *naturalismo metodológico* y el *naturalismo epistemológico* (que no debe ser confundido con la epistemología naturalizada). Empecemos por esta última modalidad, quizás la que cuenta con menos aceptación entre los filósofos. El *naturalismo epistemológico* tal como lo entiendo aquí (y soy consciente de que este uso podría ser contestado), en su forma fuerte al menos, es sinónimo de *cientifismo*. En esa forma fuerte, podría ser definido como la tesis según la cual la ciencia es la forma más fiable de conocimiento en todos los ámbitos (la única fiable, en la versión más extrema). Esto implica que la ciencia siempre tiene mayor legitimidad epistémica (o solo ella la tiene). Los métodos de la ciencia son los que garantizan un conocimiento más sólido y, por tanto, son los métodos que han de emplearse para enfrentarse de la forma más racional a cualquier problema. Una actitud que estaría bien representada por las palabras de Wilfrid Sellars: «La ciencia es la medida de todas las cosas, de lo que es en tanto que es y de lo que no es en tanto que no es» (Sellars, 1963, p. 173). Pero un buen ejemplo más cercano sería el de Hawking y Mlodinow en *El gran diseño*, cuando escriben:

La filosofía ha muerto. La filosofía no se ha mantenido al corriente de los desarrollos de la ciencia, especialmente de la física. Los científicos se han convertido en los portadores de la antorcha del descubrimiento en nuestra búsqueda del conocimiento. (Hawking y Mlodinow, 2012, p. 5)

Sobre este naturalismo habría mucho que decir. La ciencia tiene límites. Los tiene, en primer lugar, porque en cada momento histórico su conocimiento del mundo es parcial y no parece haber ninguna razón de peso para pensar que esto no seguirá ocurriendo en un futuro previsible. Habrá temas que, por falta de datos, por insuficiencias metodológicas, por limitaciones técnicas, o por la mera finitud de la mente humana, las distintas ciencias no podrán abarcar de forma adecuada en ese momento, y, en cambio, quizás puedan hacerlo provisionalmente enfoques no científicos. Pero, además, hay asuntos, sobre todo asuntos humanos (que también son naturales en un sentido amplio del término), que no quedarían jamás exhaustivamente entendidos mediante un enfoque científico, por mucho que este consiga avanzar. Piénsese, por ejemplo, en las cualidades de las experiencias subjetivas (el problema de los *qualia* —si admitimos que no es espurio—), o en el conocimiento que se obtiene del otro a través de las relaciones personales, o en la experiencia estética, o en la determinación de en qué consiste una vida buena, o en qué consiste la justicia, o en el modo de darle sentido a un proyecto personal de vida, o en la existencia del libre albedrío, o en la clarificación del concepto de causa empleado en algunas teorías físicas, o en el empleado en la idea de causación mental, o en la determinación de si las especies biológicas son géneros naturales, o si las leyes científicas expresan algún tipo de necesidad natural, o en el tipo de existencia que tienen los números, o si hay una relación entre la simplicidad y elegancia de una ley y su verdad, o en cómo deben valorarse los efectos del desarrollo científico y tecnológico sobre el ser humano y la sociedad, o qué fines nos parecen más deseables alcanzar mediante dicho desarrollo.

Estos ejemplos son suficientes para mostrar que hay siempre preguntas filosóficas que no desaparecen diluidas en la ciencia ni encuentran plena respuesta en ella, sobre todo porque las ciencias mismas descansan en presupuestos filosóficos que no tematizan. Además —y esto puede sonar a paradoja—, incluso si se quisiera dar a la ciencia la última palabra en todos los temas relevantes que han ocupado tradicionalmente a los filósofos, como reclaman algunos representantes de la llamada «tercera cultura», la discusión filosófica no dejaría de ser necesaria en casi todos ellos. No hay más que comprobar que los propios científicos llegan a conclusiones muy diferentes acerca de lo que la ciencia puede decir sobre esas cuestiones, y es claro que la evaluación de esas diferentes conclusiones necesitaría una reflexión filosófica adicional. El naturalismo epistemológico, entendido de este modo, no solo es una tesis poco defendible, sino que, como han repetido sus críticos, tiene un aire *autocontradictorio:* él mismo es una posición filosófica que, pese a ello, busca deslegitimar de algún modo la fundamentación de toda posición filosófica.

Quizás sea oportuno hacer en este punto dos precisiones. Por un lado, entiendo el cientifismo como una tesis más fuerte que la mera defensa del conocimiento científico frente a las pseudociencias, que la reivindicación de dicho conocimiento como el más fiable *cuando se pretende enfrentar a alternativas en el mismo terreno y para los mismos fenómenos,* o que la búsqueda de la extensión de los métodos científicos a los campos en los que sea posible hacerlo, en especial, en las ciencias sociales. Estas cosas hace, por ejemplo, Mario Bunge (2017) y yo no tengo nada que objetar a eso. Al contrario, estoy de acuerdo en esa reivindicación.

Por otro lado, el cientifismo tiene su contrapartida, no menos cuestionable, en lo que podríamos denominar, a falta de un nombre mejor, «filosofismo». Consistiría en la idea de que la filosofía es el fundamento último de todo saber, o, en su versión escéptica, que la filosofía es la única que puede ofrecer un enfoque suficientemente crítico como para comprender lo ilusorio de toda pretensión de saber. Forman parte de ese «filosofismo» ideas bien conocidas y bastante extendidas en la filosofía de las últimas décadas, como la de que no podemos aspirar a ninguna verdad, porque solo caben interpretaciones o ficciones útiles, que todo discurso —incluyendo el científico— debe ser entendido como poseedor de las mismas garantías epistémicas, sin privilegiar ninguno sobre otro; que la filosofía no tiene nada que ver con (ni que aprender de) la ciencia, sino que es, por su propia naturaleza, algo ajeno a la ciencia; que la filosofía versa sobre lo no representable, lo no expresable, lo no comunicable, lo absoluto, etc.

Habría, no obstante, una forma más moderada de naturalismo epistemológico, que no debemos dejar fuera. Según esta forma moderada, la filosofía tendría muchas cosas que decir legítimamente, pero solo porque la ciencia no se ha desarrollado aún lo suficiente como para abarcar todos los temas que todavía permanecen bajo su cobijo o el de otras disciplinas humanísticas, aunque algún día lo hará. Para el defensor de este naturalismo es de esperar, y desde luego es deseable, que el progreso de las ciencias vaya trasladándolos paulatinamente a la competencia analítica y experimental de los científicos, de modo que no quede en última instancia ningún asunto relevante que no sea objeto de investigación científica. Así como en el pasado la ciencia le arrebató a la filosofía el estudio de las causas del cambio y del movimiento, del origen de los seres vivos, del funcionamiento de la mente y de los modos de razonamiento, en el futuro veremos cómo esto mismo ocurrirá con otros muchos asuntos, hasta que finalmente no quede ningún tema de verdadera importancia que no esté en manos de la ciencia. A este naturalismo se le conoce también como «naturalismo del reemplazo», y fue defendido, por ejemplo, por Quine (1969), quien creía que la epistemología sería sustituida pronto por la psicología, pensando en la versión conductista, que era la que él aceptaba como científica (Kornblith, 1994; Feldman, 2012).

En la actualidad, sin embargo, pocos naturalistas estarían dispuestos a asumir este reemplazo de la epistemología (o de otros aspectos de la filosofía) y por ello goza de más aceptación un «naturalismo cooperativo». Este mantiene la autonomía de la epistemología respecto de las ciencias, pero rechaza la idea de que deba albergar pretensiones de fundamentación del resto de los saberes. En cambio, defiende la necesidad de basar las propuestas epistemológicas en los avances que proporcionen las ciencias que de alguna manera tienen cosas relevantes que decir sobre el conocimiento humano, como la psicología, las neurociencias y las ciencias cognitivas en general. Se trataría, por tanto, de meter a las ciencias en el campo de la epistemología y no al contrario.

Personalmente, creo que debe rechazarse el naturalismo del reemplazo porque, aun cuando algunos problemas centrales de la epistemología tradicional puedan encontrar en el futuro una respuesta científica, siempre seguirá teniendo sentido la pregunta por la legitimidad, la selectividad, los presupuestos y la fuerza de esa propia respuesta, lo que no deja de ser una cuestión epistemológica. En cambio, simpatizo con la idea del naturalismo cooperativo de una continuidad ciencia-filosofía (lo que excluye la identidad o la sumisión de la una a la otra o viceversa). Dicho de otro modo, hay ámbitos no científicos en los que podemos afirmar con garantías que tenemos conocimiento genuino.

Vayamos ahora al segundo tipo de naturalismo mencionado: el *naturalismo ontológico*. Sostiene que solo existen entidades, procesos o propiedades naturales, o, en forma resumida, que no hay más realidad que la natural. Qué sea o no una entidad natural no es ciertamente algo fácil de determinar, y esto ha generado numerosas discusiones. ¿Son los números entidades naturales? ¿Son las instituciones sociales entidades naturales? ¿Son los procesos mentales o los objetos intencionales procesos o entidades naturales? ¿Es la *Quinta sinfonía* de Beethoven una entidad natural? Todos ellos son casos dudosos y están sujetos a debate. Habrá quien acepte unos pero no otros.

Probablemente, la mayor parte de los naturalistas ontológicos aceptaría los procesos mentales como entidades naturales, pero serían algunos menos los que estarían dispuestos a hacer lo mismo con los números y otras entidades abstractas. La razón es simple: suele identificarse lo natural como aquello que existe en el espacio y/o en el tiempo, y los números y las entidades abstractas no tienen una existencia de este tipo. Algunos prefieren adoptar al respecto una actitud instrumentalista. Un instrumentalista diría que la lógica y la matemática ofrecen modelos muy diversos (e incluso opuestos) que muestran su utilidad en muchos campos, pero no debe asumirse ningún compromiso ontológico sobre los recursos empleados en esos modelos. Eso no quita, sin embargo, que haya enfoques naturalistas de la lógica y de la matemática como ciencias, por ejemplo, el de William S. Cooper (2001) o el de Penelope Maddy (2002).

Estas dificultades para caracterizar lo natural y para decidir qué entidades pertenecen a tal categoría son innegables, pero no deberían hacernos olvidar que hay también casos muy claros de entidades naturales y de entidades no naturales que pueden servir como modelos intuitivos para los casos dudosos: las piedras y los árboles son entidades naturales, los ángeles no lo son, ni Dios tampoco. En ellas, las entidades paradigmáticas y claramente asignables o no a lo natural, suele centrarse la discusión entre naturalistas y sobrenaturalistas.

Algunos naturalistas ontológicos cortan por lo sano en este asunto y consideran que son entidades naturales las que caen bajo el dominio de alguna ciencia empírica. Las ciencias son, entonces, las que deben determinar el tipo de entidades y propiedades que hay en el mundo. El mobiliario del universo aceptable en un momento dado vendría dictado por lo que las ciencias establecen como existente en ese momento y cualquier entidad que no tenga cabida dentro del estudio de una ciencia empírica no debería considerarse como real. Podríamos decir, por tanto, que para el naturalista no tendría sentido una ontología elaborada desde planteamientos contrarios a los marcados por la ciencia. No podría, por ejemplo, aceptarse como existente ninguna entidad o proceso que estuvieran excluidos por alguna ciencia o sobre los que hubiera razones científicas para desestimar su existencia. La ontología desarrollada por la filosofía debería limitarse a establecer relaciones y a determinar propiedades estructurales de segundo nivel entre las entidades cuya existencia hubiera quedado establecida por las diversas ciencias.

Un problema que se ha planteado en este punto es si las ciencias que han de ser tomadas como base para la determinación de la ontología del mundo deben ser solo las ciencias naturales o si cabe incluir también a las ciencias sociales. En este segundo caso, las instituciones sociales o los contenidos mentales pueden ser considerados como entidades naturales por derecho propio, sin necesidad de buscar su dependencia de las entidades postuladas por las ciencias naturales. Philip Kitcher, por ejemplo, viene defendiendo desde hace tiempo un «naturalismo pragmatista» que sería un naturalismo no cientifista y abierto a una diversidad de ciencias, incluidas las ciencias sociales. Lo describe así:

> En sentido amplio, «naturalismo» designa una posición filosófica que se distingue por su voluntad de adecuarse a los mejores estándares de investigación —medidos según el estado (sintético) del conocimiento humano—. Un modo de adecuarse a ellos es restringir las entidades y procesos que se invocan a aquellos permitidos por las ciencias en la actualidad —entendiendo «ciencia» en un sentido lato de modo que cubra todas las disciplinas rigurosas que existan, desde la historia del arte y la antropología a la zoología—. Otro es introducir solo entidades y procesos que sean defendibles de acuerdo con los cánones metodológicos adoptados por las ciencias actuales. Y aun otro es introducir solo entidades y procesos que podrían garantizarse mediante cánones metodológicos defendibles ellos mismos como adiciones progresivas a los estándares de las ciencias actuales. (Kitcher, 2012, p. xv)

Ahora bien, esta forma de caracterizar lo natural conduce a una dificultad insuperable *si va unida al naturalismo metodológico* —del que hablaremos a continuación— *entendido como rasgo definitorio de la ciencia*. En efecto, se produce una circularidad si se afirma que lo natural es aquello que es objeto de estudio por parte de alguna ciencia empírica y simultáneamente se entiende como una característica esencial de la ciencia el que esta solo apele como recursos explicativos a entidades y procesos naturales.

El naturalismo ontológico presenta fundamentalmente dos variedades, la reduccionista y la no reduccionista. La variante reduccionista sostiene que cualquier propiedad o característica estudiada por la ciencia que no sea una propiedad fisicoquímica es reductible a (o se identifica con) un conjunto de propiedades fisicoquímicas (propiedades neurofisiológicas, en el caso de los procesos mentales). Así, para los eliminativistas como Paul y Patricia Churchland, las propiedades que atribuimos a los estados mentales son imaginarias y engañosas y la ciencia debe prescindir por completo de ellas, puesto que no existen más que las propiedades fisicoquímicas. Otros naturalistas ontológicos reduccionistas, sin embargo, prefieren considerarlas como propiedades reales *supervinientes* sobre esas propiedades fisicoquímicas, y, en tal sentido, no serían eliminables sin pérdidas explicativas. Esto significa que su reduccionismo ontológico no los lleva también a un reduccionismo teórico o epistemológico. La superveniencia, tal como la caracteriza Jaegwon Kim (1993), implica que hay un solo tipo de entidades, pero diferentes niveles explicativos en las propiedades. Un dominio de fenómenos superviene a partir de otro si no es posible encontrar ninguna diferencia en el nivel superviniente sin que haya también alguna deferencia en el nivel más bajo sobre el que se superviene (pero no a la inversa). O, dicho de otro modo, si dos fenómenos tienen las mismas propiedades físicas, tienen también las mismas propiedades supervinientes (pero no a la inversa).

La variante no reduccionista del naturalismo ontológico, en cambio, admite que ciertas propiedades puedan surgir como consecuencia de la interacción de propiedades fisicoquímicas, pero sin que sean reductibles a (o identificables con) estas, puesto que ofrecen una novedad genuina. Y no son reductibles al menos en dos sentidos: 1) su nivel explicativo es autónomo y siempre lo será (jamás podrán explicarse, por ejemplo, las propiedades de un ecosistema en términos de la teoría cuántica), y 2) son capaces de ejercer causación descendente sobre las propiedades de nivel inferior (las propiedades estructurales o relacionales de un ecosistema constriñen, por ejemplo, las propiedades físicas de los organismos que lo habitan). Es decir, hay propiedades que, aunque estén realizadas siempre por propiedades fisicoquímicas, no presentan una identidad de tipos con ellas, sino que son *emergentes* con respecto estas y tienen influencia causal sobre las propiedades de más bajo nivel, así como sobre otras propiedades emergentes (Beckermann, Flohr y Kim, 1992; Francescotti, 2007; O'Connor, 2020; Stoljar, 2022).

La tesis de la emergencia de lo mental sobre lo fisicoquímico no es exclusiva del fisicalismo no reduccionista. Al menos en alguna de sus interpretaciones más fuertes es asumida también desde posiciones dualistas. Pero el naturalista no reduccionista puede adoptarla para explicar la relación de lo mental con su sustrato material sin asumir el dualismo, añadiendo que lo mental no podría existir sin ese sustrato.

Por supuesto, se entienda como se entienda el término «natural», todos los naturalistas ontológicos rechazan la existencia de entidades y de causas sobrenaturales. Y, en su versión reduccionista, este tipo de naturalismo está comprometido con la tesis de que el mundo físico está «causalmente cerrado». Los efectos físicos tienen solo causas físicas, o, en otras palabras, toda causa de un fenómeno físico es una causa física.

El naturalismo ontológico es una opción *filosófica*, al igual que lo era el epistemológico. De hecho, está ampliamente extendido entre los filósofos de la biología y los filósofos de la mente. No es, por tanto, algo que se siga inmediatamente de la propia ciencia. Ninguna disciplina científica, en ninguna de sus teorías constituyentes, incluye la afirmación de que solo deben aceptarse como existentes las entidades que en ella se postulan. Es más, se puede ser un buen científico y no ser naturalista en estos dos sentidos hasta ahora mencionados. No obstante, los naturalistas ontológicos suelen argumentar que esta posición filosófica es la más coherente con los resultados de la ciencia.

Como era de esperar, esta modalidad de naturalismo está también sujeta a una intensa discusión (Papineau, 2009). Particularmente influyente ha sido la crítica contra el naturalismo ontológico no reduccionista efectuada por Jaegwon Kim (1989), el filósofo que más ha hecho precisamente por articular la noción de «superveniencia», que muchos naturalistas consideran básica para el naturalismo. Kim ha argumentado que no es posible conciliar la noción de causación descendente con la tesis naturalista de la clausura causal física del mundo. El naturalismo moderado, no reduccionista o «emergentista», sería, por tanto, inviable, o, mejor dicho, inestable, puesto que colapsaría o bien en la identificación de lo mental con lo físico o bien en un dualismo. Kim considera que el único naturalismo ontológico viable sería el reduccionista radical.

Los conceptos de «emergencia» y «superveniencia» son, en efecto, problemáticos, aunque no mucho más que otros conceptos filosóficos. Tratan de encontrar una vía media entre el dualismo y el reduccionismo radical o el eliminacionismo. El equilibrio es difícil, pero no se ha demostrado que sea imposible. Por ejemplo, hay quien considera que una adecuada comprensión de las propiedades emergentes como propiedades configuracionales y la admisión de cierto tipo de causación descendente puede resolver el problema que Kim señala (El-Hani y Pihlström, 2002). Y hay otras salidas posibles, si bien todas ellas controvertidas (Crane, 2006). El defensor del naturalismo ontológico tiene, pues, ante sí una interesante tarea articulando su propuesta de modo que pueda salvar las objeciones planteadas. En todo este debate no se ha dicho ni mucho menos la última palabra y aunque la opción dualista ha quedado en la práctica abandonada, no está claro que la única alternativa viable sea el naturalismo ontológico en su versión reduccionista. No es de extrañar por ello el interés que en los últimos años ha vuelto a despertar el concepto de «emergencia» (Clayton, 2004; Kistler, 2006; Bedau y Humphreys, 2008; Ritchie, 2008; Corradini y O'Connor, 2010; Vision, 2011; Silberstein, 2012).

En la caracterización que acabo de hacer del naturalismo ontológico y del epistemológico no creo haberme separado demasiado de lo que la mayoría de los autores que han considerado la cuestión entienden por ambas doctrinas. Sin embargo, la caracterización que hago a continuación del naturalismo metodológico pretende ser más personal, entre otras razones porque creo necesario marcar las diferencias entre este y el naturalismo epistemológico, dado que en ocasiones se llega erróneamente a identificarlos.

El *naturalismo metodológico*, tal como sugiero entenderlo, es la tesis que sostiene que en el avance de nuestros conocimientos hemos de proceder *como si* solo hubiese entidades y causas naturales. Solo las causas naturales y las regularidades que las gobiernan tienen auténtica capacidad explicativa. Apelar a causas o a entidades sobrenaturales, como el espíritu (en el caso de la actividad mental) o la fuerza vital (en el caso de los organismos), no explica nada. Esta variante del naturalismo es irrenunciable en la ciencia.

Como puede apreciarse en ese «como si» que he utilizado en su caracterización, el naturalismo metodológico es compatible tanto con la aceptación del naturalismo ontológico como con su rechazo. El naturalismo metodológico se limita a afirmar cómo han de obtenerse ciertos conocimientos. Hemos de investigar el mundo *como si* fuese de una determinada manera, aunque en otras circunstancias no aceptemos que sea de esa manera. Esto, sin embargo, no debe ser interpretado como una forma de ficcionalismo. No implica una distorsión del modo en que el mundo realmente es. Seguramente muchos naturalistas metodológicos piensan que el mejor modo de alcanzar conocimientos sobre el mundo es proceder *como si* solo hubiera entidades naturales porque, *de hecho*, solo hay entidades naturales. En este caso, el naturalista metodológico lo será por ser también un naturalista ontológico. Pero no tiene que ocurrir siempre así. Una persona religiosa puede ser perfectamente un naturalista en sentido metodológico. Como creyente, no lo será en sentido ontológico, puesto que aceptará la existencia de algún dios y quizás de otras entidades sobrenaturales, pero podría admitir que estas entidades sobrenaturales solo actúan mediante leyes naturales y que, por tanto, solo son posibles evidencias naturales para apoyar nuestras teorías científicas. De ese modo su antinaturalismo ontológico sería compatible con la aceptación de un naturalismo metodológico. De hecho, el naturalismo metodológico ha sido tradicionalmente aceptado por la Iglesia católica como el modo adecuado de proceder en la ciencia, y podemos encontrar una buena defensa de él en algunos destacados filósofos y científicos que pertenecen a ella (McMullin, 1991). Esto hace, en mi opinión, que no se entienda bien el empeño de algunos sobrenaturalistas, especialmente en Estados Unidos, por hacer del naturalismo metodológico algo incompatible con la fe religiosa y por promover en consecuencia una «ciencia» en la que no se acepte ese naturalismo.

Vayamos brevemente a esa cuestión. ¿Por qué suponer que la investigación científica ha de hacerse de acuerdo con el naturalismo metodológico? Esta pregunta ha recibido fundamentalmente dos respuestas, que han sido presentadas como opuestas entre sí. Según la primera respuesta, la razón estriba en la propia naturaleza de la ciencia moderna como actividad epistémica. La ciencia moderna, desde su constitución, se ha basado de forma destacada en la experimentación, y los métodos experimentales, como bien ha advertido un autor que no oculta pese a ello su descontento con el naturalismo metodológico, conllevan algunos presupuestos ontológicos (Dilworth, 2006, cap. 2), entre ellos el principio de regularidad de la naturaleza. Este principio, como es obvio, excluye de la escena científica a los milagros, y con ellos a la causación sobrenatural. Es esta la razón, y no una convención arbitraria, de que si se acude a entidades o procesos sobrenaturales en alguna explicación de un fenómeno natural, la explicación quede fuera del ámbito de la ciencia actual.

A lo largo de la historia, a medida que un campo de estudio adquiría madurez como ciencia, esas entidades y causas desaparecían del horizonte de los recursos explicativos posibles. Esto significa que el naturalismo metodológico fue adquiriendo carta de naturaleza como requisito de la ciencia de una forma dispar y en tiempos distintos, dependiendo de la ciencia de la que se tratara.

En algunas ramas de la biología, el naturalismo metodológico no estuvo bien asentado hasta finales del siglo xix, y de ahí deriva que algunos vean en esta tardanza una debilidad que aprovechar para intentar derribarlo.

En efecto, Dios no aparece en el contenido explicativo y predictivo de ninguna teoría científica madura. Aparece, sí, como principio de inteligibilidad, como «gobernador» del cosmos o como su creador en las justificaciones o aclaraciones generales que algunos científicos creyentes, sobre todo al inicio de la ciencia moderna, dieron para enmarcar sus propuestas en el contexto cultural de la época. Incluso se pueden localizar en dichos comienzos algunos pasajes en los que se realiza una apelación directa a su poder para explicar un fenómeno natural concreto. Así sucede en el párrafo del escolio general del libro iii de los *Principia* de Newton, ya al final del libro, en el que se acude a un «ente inteligente y poderoso», que —según se nos dice— no puede ser otro que el Dios creador, para dar cuenta de por qué todos los planetas del Sistema Solar se mueven en la misma dirección y en el mismo plano. Es bien sabido que una explicación puramente naturalista de este hecho ya la había proporcionado Descartes con su propuesta de los vórtices, pero Newton no la aceptaba porque consideraba que no encajaba con el movimiento de los cometas. Ahora bien, ni las leyes del movimiento ni la ley de la gravedad, que son los elementos centrales —el *núcleo duro,* que diría Imre Lakatos— de la mecánica newtoniana dependen en su validez explicativa o predictiva de acción divina alguna; y poco después de Newton la apelación a Dios para explicar algún fenómeno natural concreto desaparece totalmente de la física. En biología, se mantiene hasta el siglo xix, como en la teoría de las creaciones sucesivas, defendida, entre otros, por Louis Agassiz; una teoría que estuvo lejos de despertar el consenso. Pero a partir de la publicación del *Origen de las especies* de Darwin la aceptación generalizada del hecho evolutivo la hace desaparecer de la bibliografía científica (al tiempo que el debate sobre el conflicto entre ciencia y religión se reaviva).

La segunda respuesta que se ha dado a la pregunta de por qué la ciencia ha de estar ligada al naturalismo metodológico sostiene que dicho naturalismo no debe considerarse *a priori* como constitutivo o definitorio de la ciencia moderna, sino que su aceptación generalizada se debe a su historial de éxitos explicativos. La principal razón que aportan los partidarios de esta tesis para rechazar la idea de que el naturalismo metodológico sea constitutivo de la ciencia es que, si se considera como tal, se descartaría la posibilidad de que la ciencia pueda mostrar la falsedad de muchas afirmaciones sobrenaturalistas y, de ese modo, se le despeja alegremente a los defensores del sobrenaturalismo un terreno propio en el que pueden actuar con total autonomía y sin injerencias externas por parte de la comunidad científica (Fishman, 2009; Boudry, Blancke y Braeckman, 2010; Fales, 2013; Fishman y Boudry, 2013).

Una de las discusiones más vivas sobre ciencia y religión en los últimos años se ha suscitado precisamente porque algunos filósofos, como Alvin Plantinga (1996, 2011), han rechazado el naturalismo metodológico en la ciencia, sobre todo en aquellas cuestiones que tienen que ver con el origen del ser humano y del universo. Plantinga cree que la ciencia, en tanto que búsqueda de la verdad, no puede excluir *a priori* las causas y las explicaciones sobrenaturales. Para él, el naturalismo metodológico no es un rasgo definitorio de la ciencia, sino el producto de una contingencia histórica que él cifra en una noción fundamentalista de ciencia propiciada por Descartes y Locke y afianzada por la Ilustración. Pero la prueba que aporta para su afirmación es que algunos científicos no han sido neutrales desde un punto de vista religioso a la hora de formular sus teorías, dando muestras fehacientes de ateísmo. No hace falta explicar que esto, incluso si fuera verdad (yo no conozco ninguna teoría científica aceptada en una ciencia actual que haga referencia a ningún ente sobrenatural, ya sea para afirmarlo o para negarlo), solo probaría que en ocasiones los científicos no están a la altura de las exigencias metodológicas de la ciencia. Como argumento a favor del sobrenaturalismo, carece de fuerza, puesto que no es más que una falacia del tipo *tu quoque*.

Plantinga se escuda además en el llamado «problema de la demarcación» (del que hablaremos en el capítulo 3) es decir, en las dificultades para separar con total nitidez lo que es ciencia de lo que no lo es, para negar que pueda hablarse de un rasgo definitorio de la ciencia. No aclara, sin embargo, que el fracaso de la filosofía de la ciencia en proporcionar un criterio formal y preciso de demarcación no convierte al ámbito de los conocimientos humanos en la noche en la que todos los gatos son pardos (Pigliucci y Boudry, 2013). No hace falta un criterio preciso y formal de demarcación para saber que la ufología o la parapsicología no son ciencias mientras que la mecánica cuántica sí lo es, y una de las razones para ello es que se apela a poderes cuya existencia no ha podido nunca ser establecida mediante controles experimentales rigurosos.

No se trata, pues, de que el sobrenaturalismo quede excluido porque hemos decidido definir a la ciencia de una determinada manera. No estamos ante una cuestión de definición que pueda resolverse negociando un cambio de significado en el diccionario. Se trata de que una determinada actividad intelectual a la que hemos dado en llamar ciencia tiene ciertas características que ha adquirido a lo largo del tiempo y que la distinguen de otras actividades intelectuales, y si esas características fueran eliminadas, desaparecería la actividad intelectual como tal. En ciertos casos, esas características se refuerzan y se reclaman unas a otras, como sucede con el naturalismo metodológico, el método experimental y el objetivo de encontrar regularidades en el comportamiento de la naturaleza. No puede eliminarse una de ellas sin tirar por la borda o sin dejar seriamente afectadas a las demás.

Por lo tanto, si se interpreta la llamada de Plantinga a la comunidad cristiana para hacer ciencia «a su propio modo y desde su propia perspectiva» (1996, p. 192) como una llamada a la introducción de explicaciones sobrenaturales, no puede ser tomada más que como una exhortación a hacer otra cosa que no es ciencia y —en el improbable e indeseable caso de que tenga éxito— una exhortación a destruir la propia ciencia.

El sobrenaturalista podría aducir que, aunque la ciencia haya adoptado en el pasado (sea o no como característica constitutiva) el naturalismo metodológico, nada obliga a que siga siendo así en el futuro, puesto que, como han indicado repetidamente en las últimas décadas los historiadores y los filósofos de la ciencia, los principios metodológicos e incluso los criterios de racionalidad científica han variado a lo largo de la historia. ¿Por qué no aceptar entonces que se promueva legítimamente el abandono del naturalismo metodológico si es que se constata su insuficiencia explicativa en ciertos casos? La respuesta a esta objeción es, según creo, bastante simple. En primer lugar, es cierto que a lo largo de la historia de la ciencia no solo han cambiado los contenidos de las teorías, sino también los criterios metodológicos (ha habido un progreso metodológico innegable), e incluso han cambiado algunos elementos de juicio generales acerca de lo que es racionalmente aceptable en la ciencia, pero estos cambios nunca han sido tan grandes que la propia actividad científica haya quedado diluida o transformada en otras formas de contemplar la realidad. Y si esto ocurriera, no tendríamos ya ciencia. Los cambios metodológicos no podrán nunca hacer, por ejemplo, que pase por científica una elección de hipótesis basada en el azar, que la intuición personal se considere una prueba favorable para una hipótesis, o que la ontología de nuestras teorías se pueble de seres y fuerzas misteriosas, espirituales y sobrenaturales. En segundo lugar, no hay razones suficientes para afirmar que el éxito explicativo posibilitado por el naturalismo metodológico esté agotado. Más bien hay razones para pensar todo lo contrario. El historial de éxitos del naturalismo a lo largo de los tres últimos siglos ha sido apabullante, y el trabajo diario de los científicos en nuestros días no hace más que afianzar nuestras expectativas en que será incluso mayor en las próximas décadas. En cambio, el historial de éxitos explicativos del sobrenaturalismo (suponiendo que realmente pueda hablarse de «explicaciones sobrenaturales») parece estancado desde hace varias centurias, y desde entonces siempre ha ido a la zaga del naturalismo. La actitud naturalista ha contribuido al descubrimiento de causas y entidades naturales antes desconocidas, el sobrenaturalismo no puede afirmar algo parecido.

He destacado antes que esta última línea de defensa del naturalismo metodológico, basada en el historial de éxitos, es la preferida de algunos naturalistas, como Giere (2010) y Boudry, Blancke y Braeckman (2010). No coincido, sin embargo, con estos últimos autores en que la defensa que he presentado de lo que ellos llaman «naturalismo metodológico intrínseco» ofrezca las dificultades que ellos creen ver. Ellos reconocen que «es verdad que la noción de "sobrenatural" está completamente ausente del corpus del conocimiento científico moderno» (p. 230), pero a continuación preguntan: «¿significa eso que los eventos sobrenaturales, si ocurre alguna vez alguno en el universo, están necesariamente más allá del alcance de la ciencia?». Mi respuesta a esta pregunta es «sí», al menos en tanto que se vean como eventos sobrenaturales. Lo que haría la ciencia en un caso así, como hace en las investigaciones sobre supuestos poderes paranormales o fuerzas misteriosas con poder curativo, es intentar mostrar que el aparente evento sobrenatural es completamente natural (explicable mediante leyes naturales), y si fracasa en el intento, se retira (por el momento al menos) de los intentos de explicación. Esas son las reglas del juego. Si se le pidiera a un científico estudiar un supuesto milagro, su punto de partida (y de llegada) es que no hubo tal milagro. Si no puede explicarlo mediante causas naturales, suspende el juicio como científico. Es absurdo decir, por ejemplo, que los estudios científicos sobre la Sábana Santa han probado la resurrección de la persona que fue envuelta en ese sudario. Como mucho se podría decir que no han conseguido explicar la imagen que allí aparece, y esto solo para los que así lo crean.

1. ¿Qué es la ciencia en realidad (y no en la imagen idealizada)?

El naturalismo metodológico no implica, sin embargo, que la ciencia no pueda decir absolutamente nada sobre las afirmaciones de los sobrenaturalistas. No falta quien, de forma un poco extraña, ha sacado la conclusión de que lo que el naturalismo pretende es apartar a la ciencia incapacitándola para ejercer cualquier crítica a la filosofía y la religión. La ciencia puede refutar algunas afirmaciones en las que aparecen implicadas entidades o causas sobrenaturales, por ejemplo, que las especies biológicas han sido creadas por Dios hace unos miles de años con la forma aproximada que tienen hoy. Sabemos que la segunda parte de esta afirmación es empíricamente falsa, y, por tanto, lo es toda la afirmación, aparezca en ella o no una entidad sobrenatural. En cambio, otras afirmaciones sobrenaturalistas como «Dios es el creador del universo» o «Dios guía de forma indetectable la evolución de las especies» son incontrastables y no pueden pertenecer a la ciencia.

Finalmente, introducir el sobrenaturalismo en la ciencia proporcionaría pocas ventajas epistemológicas al modo resultante de explicación de lo real. ¿Cómo saber, por ejemplo, cuándo está justificado y cuándo no el recurso a causas no naturales? ¿Podría recurrirse siempre a ellas o solo cuando no encontráramos explicaciones basadas en causas naturales? Y en este último caso, ¿cuánto tiempo habría que esperar antes de recurrir a la explicación no natural? ¿Cualquier dificultad explicativa que durara unos años dejaría abierta la brecha para una explicación de ese tipo? ¿No desanimaría esta posibilidad los intentos de seguir buscando una explicación naturalista, que sería mucho más relevante desde el punto de vista de su utilidad para la implementación tecnológica? ¿No serían las explicaciones no naturalistas más susceptibles de ser salvadas de sus problemas mediante hipótesis *ad hoc*? ¿No serían, en el fondo, explicaciones vacías, puesto que podrían usarse para cualquier problema y ser protegidas siempre de cualquier dificultad? Y, en definitiva, ¿qué criterios podrían establecerse y con qué fundamento epistemológico para escoger las entidades sobrenaturales causalmente relevantes? Un Dios creador y providente parece un candidato muy socorrido, pero ¿podemos acudir también a los ángeles, a los demonios, a las deidades de la mitología clásica, a los duendes o a las almas en pena? ¿Cuál sería el criterio de selección? El sobrenaturalista no ha dado muestras de tener una respuesta satisfactoria para estas preguntas.

Por todo lo anterior, el naturalismo metodológico, no solo es hoy la única opción viable en la ciencia, sino que es visto además por muchos filósofos (entre los que me encuentro) como una opción saludable en la propia práctica de la filosofía. El filósofo que así lo estime tenderá a pensar que no hay una separación absoluta entre la filosofía y la ciencia, o si se quiere, que la filosofía también debe tomar la evidencia empírica, por indirectamente que sea, como piedra de toque de sus propuestas teóricas, que a su vez han de interpretarse como hipótesis revisables. Aceptará, pues, que en la filosofía puede aplicarse de forma fructífera un principio de parsimonia —Ronald Giere lo ha bautizado como «principio de prioridad naturalista»— que manda no explicar de forma no naturalista lo que puede ser explicado de forma naturalista (Giere, 2006). Esto implica que la filosofía no tiene autonomía total con respecto a las ciencias. No hay para ella caminos de acceso privilegiado al conocimiento, y sus propuestas han de estar en armonía con los resultados de las ciencias. Esta última exigencia debe ser especialmente asumida en aquellas cuestiones filosóficas que caen más cerca de las preocupaciones científicas, aunque, por supuesto, pueda haber otras partes de la filosofía cuya relación con la ciencia sea más remota y en las que no haya un modo claro o unívoco de conseguir dicha armonización.

Una fuente importante de resistencia a la extensión del naturalismo metodológico al ámbito filosófico proviene, como es lógico, de aquellos filósofos que consideran que el naturalismo en general implica una sumisión intolerable a la ciencia por parte de la filosofía y creen que esta debería permanecer abierta a la postulación de cualquier tipo de entidades que considere apropiadas para sus fines, sin dejarse coartar en ello por su supuesta compatibilidad con la ciencia (quién sabe, después de todo, qué podría decir al respecto una ciencia del futuro). En particular, para una parte importante del antinaturalismo contemporáneo de raíz heideggeriana el naturalismo es una manifestación última de una forma de pensamiento y de un modo de hacer filosofía que debería ser definitivamente dejado atrás. Se trataría de una forma del pensamiento calculador que ha conducido a la situación actual de dominio excluyente de la técnica. La concepción de la razón que subyace al naturalismo sería un modo de razón que constriñe la diversidad, busca la unificación y dominación sobre otros saberes, impone la universalidad, es ajeno al mundo-de-la-vida y pone su principal fuente de legitimación en el progreso y el éxito tecnológico. De de ahí que se haya convertido en el instrumento propicio de los poderes dominantes en la sociedad capitalista. Seguir prisioneros de dicha forma de razón es ya —para los que así piensan— algo que va más allá de un mero error filosófico.

Esta es una opción que tiene sus adeptos en la filosofía contemporánea y es perfectamente legítima. Otra cosa es que sus críticas al naturalismo sean acertadas. Como es de esperar en cualquier posición filosófica, hay numerosos problemas para los que el naturalismo no tiene una solución adecuada. Quizá algunos encuentren respuesta satisfactoria en el futuro o quizá no, pero nadie debería esperar que pueda resolver todos los problemas de su dominio a satisfacción de todos. Ahora bien, lo cierto es que el naturalismo ha ofrecido una respuesta aceptable a bastantes de ellos. Hay críticos del naturalismo que, sin recurrir al sobrenaturalismo, no pueden aceptarlo porque consideran que esos problemas no resueltos —y para ellos irresolubles desde las premisas naturalistas— son lo suficientemente graves como para ensayar otros caminos. El naturalismo —se afirma repetidamente— no da cuenta de la naturaleza y el funcionamiento de la mente humana, de la intencionalidad de los procesos mentales, de la conciencia, de la relación mente/cuerpo o de la causación mental. Tampoco da cuenta de la validez de las verdades lógicas y matemáticas, ni de la normatividad moral o de la conducta libre basada en valores. Un buen ejemplo de estas críticas es el libro de Thomas Nagel, *Mente y cosmos* (Nagel, 2012; una reseña crítica puede verse en Diéguez, 2013). Para estos críticos, si el sobrenaturalismo no es una solución a estos problemas, el naturalismo tampoco lo es.

Desde las filas naturalistas podría responderse que no es pretensión del naturalismo resolver todos los grandes problemas de la filosofía. Quizás haya cosas que permanecerán siempre inexplicadas (ya sea en términos naturalistas o no naturalistas), como el problema de los *qualia*, o el de la causación mental, al menos en la formulación que actualmente les damos. Pero no parece justo poner en el debe del naturalismo todo lo que no ha podido resolver (ni otros enfoques tampoco) sin contrabalancearlo con lo que habría de contar en su haber. Del mismo modo, no cabe ignorar que en los últimos años el naturalismo se ha venido mostrando como un programa de investigación más progresivo que sus alternativas.

La actitud crítica

La mera posibilidad del enorme consenso que se logra en la ciencia, plasmado en los libros de texto, un consenso tan extraordinario y tan alejado de lo que vemos en otras actividades humanas, tiene detrás todo un edificio de logros epistémicos e institucionales conseguidos trabajosamente a lo largo de los últimos tres siglos. Thomas Kuhn ya nos explicó cómo la educación de los científicos está enfocada precisamente al entrenamiento en el manejo de las herramientas necesarias para lograr con rapidez ese consenso, empezando por la admisión de un paradigma científico vigente que incluye entre sus componentes no solo principios teóricos, sino también preceptos metodológicos y axiológicos.

Pero tiende a olvidarse que en la ciencia existe también el disenso, y que las ideas en competición, apoyadas por equipos rivales, a veces fuertemente enfrentados, son moneda corriente.

Ese contraste es necesario para el logro de teorías bien depuradas de elementos subjetivos, de errores y de prejuicios y, por tanto, para el progreso científico. Si hay algo parecido al famoso «método científico» es precisamente la confrontación de ideas, de hipótesis y de propuestas explicativas, y la crítica rigurosa y sin cuartel de todas ellas, incluyendo, cuando sea oportuno, el cuestionamiento de los datos experimentales. Las herramientas mismas que sirven al científico para alcanzar consensos se basan en la importancia de la crítica racional de las ideas y de los datos, y, por tanto, en el disenso. Todo consenso en la ciencia es en principio revisable y el progreso se produce en ocasiones gracias a que se facilita la revisión en profundidad de los consensos previos.

Para esta revisión crítica dentro de la ciencia es importante disponer de perspectivas diferentes. Es cierto que sin el consenso no hay ciencia sobre la que fundamentar los avances ulteriores, pero, como avisó Popper hace ya tiempo, sin el pluralismo de ideas y la confrontación de perspectivas contrarias no existiría el avance rápido en los conocimientos científicos. Por eso, donde encontramos esas discrepancias es sobre todo en las zonas de vanguardia de la investigación, allí donde los problemas acaban de aparecer. Zonas en las que los mismos datos pueden ser interpretados de forma diferente o pueden recibir un peso diferente a la hora de evaluar las hipótesis en liza. Claro que en esa pluralidad de enfoques no todo tiene igual valor. No cualquier perspectiva crítica es valiosa sin más, por el mero hecho de serlo. También en la crítica deben asumirse unos estándares metodológicos de rigor, conocimiento y fundamentación, aun a riesgo de dejar a veces fuera alguna idea interesante. Y esos estándares no siempre se cumplen.

Por ello, sorprenderse o escandalizarse por la falta de unanimidad entre los expertos, como se hizo desde diversas tribunas durante la pandemia de COVID-19, o perder confianza en la ciencia por la divergencia de opiniones, es no entender cómo funciona esta. Se dirá que los gobernantes necesitan basar sus decisiones en el mejor conocimiento posible y que para ello es condición previa que los científicos se hayan puesto de acuerdo acerca de cuál es ese mejor conocimiento. Se dirá que en cuestiones de salud pública es especialmente arriesgado actuar con la sola base de teorías inseguras o en discusión. Estas son objeciones razonables, sin duda, pero nos guste o no, este tipo de decisiones sobre asuntos públicos, que pueden tener importantes consecuencias en la salud y la economía de los ciudadanos, implican siempre un riesgo que los políticos no tienen más remedio que asumir. Es su trabajo y no deben delegarlo en los científicos, tratando de poner en ellos el peso de la responsabilidad. Los expertos tienen planteamientos discrepantes sobre muchas cuestiones, incluidas algunas de las relativas a cómo gestionar una pandemia, y también tienen intereses diversos; legítimos, por qué no, pero no necesariamente coincidentes con los del resto de los ciudadanos. Por eso tampoco es aceptable que reclamen para sí la gestión exclusiva de estos asuntos con el argumento de que ellos son los que tienen el conocimiento apropiado para hacerlo. Eso no significa que no deban ser atendidas sus recomendaciones. Significa solo que en temas que tengan impacto social o político, sus opiniones deben ser contextualizadas, porque estarán hablando desde unos supuestos cuyo conocimiento es necesario a la hora de tomar decisiones. Hay que escucharlos, pero las decisiones finales han de estar en otras manos.

No debe descuidarse además el fenómeno, potenciado por las redes sociales, de la aparición de falsos expertos. A veces es muy difícil decidir quién habla legítimamente en nombre de la ciencia. ¿Cómo separar el grano de la paja entre los *influencers* científicos? ¿Cómo se determina quién es un experto? ¿Basta el curriculum académico? ¿Cómo averiguar si un experto con curriculum impecable está hablando en defensa de ciertos intereses particulares? No son cuestiones con respuestas fáciles, y menos en casos como estos.

Habrá quien piense (entre los negacionistas del cambio climático esto es común) que el problema real en todo lo sucedido con las vacunas no estuvo en el disenso de los especialistas que vimos en los primeros momentos, sino justamente en el consenso alcanzado, según ellos, precipitadamente, que habría obedecido no a razones objetivas sino a presiones económicas y políticas. Un consenso falso, con el consiguiente silenciamiento de las voces discrepantes. Habríamos estado, según esto, ante algo parecido a lo que sucedió con el caso Lysenko, un arribista político que, por motivos ideológicos y ambiciones personales, eliminó durante décadas el darwinismo y la genética mendeliana de la Unión Soviética. Ahora, como entonces, la política se habría impuesto sobre la objetividad científica. Se nos habría ocultado que esas vacunas no ofrecían las garantías suficientes de efectividad, que no fueron probadas con seguridad, que no evitaban el contagio, y, por encima de todo, que tenían efectos secundarios muy perjudiciales, incluso mortales en bastantes casos.

La columnista del *Washington Post* Megan McArdle debía estar pensando en algo parecido a esto cuando, en un artículo de mayo de 2021 titulado «Cuidado con el consenso de los *expertos*», escribía:

> Parece que el consenso de los expertos era algo ilusorio, y hubiera sido bueno recordar que, como el resto de nosotros, los científicos son propensos al pensamiento grupal y las preocupaciones no científicas pueden colarse en sus declaraciones públicas. Todos escuchamos los confiados pronunciamientos de apoyo a los científicos chinos, pero oímos menos las dudas que en voz baja aparentemente expresaban en privado personas desinteresadas en una dolorosa pelea pública. [...]
>
> Pero la ilusión de casi infalibilidad entre los expertos prometía certeza en un momento en que el mundo resultó ser mucho menos predecible de lo que pensábamos. Y, por supuesto, era una manera fácil de evitar el juego de *whack-a-mole* con la asombrosa serie de memes falsos y «hechos» que algunos escépticos conservadores, incluido Trump, seguían generando.

Una opinión inquietante. Pero podemos preguntarnos si realmente la acusación de un falso consenso es sostenible en este caso. ¿Puede realmente afirmarse que, en las sociedades democráticas, con prensa libre, en las que las voces disidentes, como las de estos críticos, tienen siempre cauces para salir a la luz pública, como de hecho hicieron, las presiones políticas y económicas pueden, a semejanza de lo que sucedió en la Unión Soviética, imponer ideas que choquen con lo que una investigación científica bien hecha habría mostrado? ¿Y por cuánto tiempo podrían hacerlo? ¿No existen en las sociedades libres cauces suficientes para que una impostura así, un fraude de tal magnitud, una imposición tan prolongada de mentiras, termine siendo probada? Hay que sobrevalorar mucho, creo yo, el poder de las compañías farmacéuticas y hay que confiar muy poco en los mecanismos de la democracia, en la seriedad de las revistas científicas y en la honestidad de la gran mayoría de los científicos, para pensar que no es así, que vivimos permanentemente manipulados, excepto la minoría de ultraescépticos que —a diferencia de todos los demás y pese a carecer a menudo de la preparación científica adecuada para entender los detalles de la controversia— no se dejan engañar tan fácilmente.

El meollo del pensamiento de Kuhn, como saben bien sus lectores, es que en la ciencia la construcción y aceptación del consenso constituye la práctica normal, y el disenso solo triunfa (y con dificultades) cuando buena parte de la comunidad científica relevante admite que las nuevas teorías son capaces de resolver más y mejores problemas que las teorías vigentes, dando lugar así a una revolución científica, que no necesita ser una gran revolución, como la ocasionada por la teoría de la relatividad de Einstein y la teoría cuántica. Puede ser una revolución a pequeña escala, en el seno de una sola disciplina o incluso una subdisciplina. Tras esta revolución se generará un nuevo consenso.

Kuhn habló de la «tensión esencial» que se da en la ciencia entre tradición e innovación. La ciencia es más conservadora y tiene más inercia de lo que su imagen popular deja entrever, pero eso es bueno, porque allí donde se produce la investigación innovadora, las disputas y la incertidumbre son la norma y no conviene la precipitación. Hay que esperar a que las nuevas ideas se asienten y consigan desmontar las viejas ideas que se tenían por imbatibles y que eran vistas incluso como la esencia misma de la racionalidad científica. Esas viejas ideas son demasiado valiosas como para acabar con ellas a las primeras de cambio. No bastan unos pocos problemas conceptuales o el hallazgo de unos cuantos contraejemplos empíricos o algunos experimentos aislados para derribarlas. Nuestra visión del mundo ha dependido mucho tiempo de ellas hasta ese momento y merecen protección. No es dogmatismo brindársela durante un tiempo. Pero las nuevas generaciones de científicos quizás no sean ya tan pacientes y vean con mejores ojos las novedades que traen los disidentes. Por eso Feyerabend decía que el progreso en la ciencia exige en ocasiones oponerse a la razón y asumir ideas consideradas como irracionales y contrarias a los hechos establecidos. Por lo general, las ideas auténticamente nuevas serán vistas así desde las posiciones asentadas.

La historia de la ciencia está llena de ejemplos de disidentes que tuvieron que ver cómo sus ideas eran rechazadas por absurdas, e incluso ridiculizadas, hasta que finalmente terminaron imponiéndose como un gran logro de la racionalidad científica. Einstein y su teoría especial de la relatividad es un caso bien conocido, pero no menos resistencias encontraron otras propuestas consideradas como nucleares en la ciencia actual. Tal es el caso de la teoría de la deriva continental, propuesta por Alfred Wegener en 1912, pero cuya aceptación generalizada hubo de esperar hasta los años 60 del siglo XX con la aparición de la idea de la tectónica de placas; o la teoría de Lynn Margulis sobre el origen de los eucariotas por medio de la endosimbiosis de procariotas; o la propuesta de Barbara McClintok de la existencia de elementos genéticos —los ahora famosos transposones— que podían cambiar de lugar en el genoma de un organismo, saltando incluso de un cromosoma a otro; o la idea de Barry Marshall y Robin Warren de que las úlceras de estómago no eran debidas a la acción del estrés y el modo de vida sobre los ácidos estomacales, sino a una bacteria *(Helicobacter pylori)*, descubrimiento por el que recibieron el premio Nobel de Medicina en 2005. Todos estos avances científicos fueron vistos como rupturas injustificadas del consenso previo opuestas a teorías y a hechos que se consideraban como sólidamente probados, casi evidentes.

El disenso es, por tanto, inevitable en la ciencia y tiene un papel imprescindible en ella, puesto que todo progreso científico se basa en la ruptura de un consenso previo. Ahora bien, ni el consenso se ha formado porque sí, por mera conveniencia o por un desnudo ejercicio del poder, ni el disenso viene siempre viene dado por el hallazgo de una verdad insoslayable. El consenso se fundamenta en que las teorías son aceptadas por la comunidad científica porque han superado duras críticas previas, y es ese éxito el que suscita el acuerdo. El filtro de la crítica debe ser permanente, pero sin perder de vista que la crítica ha de contar igualmente con muchos puntos que estarán apoyados en otros consensos y que, como todo lo demás en la ciencia, también la crítica es falible. Que el consenso científico constituya una forma de poder y no sea garantía absoluta de verdad no significa que cualquier disidencia, por desinformada que esté, sea correcta o digna de crédito. Una cosa es que el consenso no deba utilizarse sin más para acallar cualquier voz disonante, puesto que algo así paralizaría la ciencia, y otra pensar que la mera discrepancia crítica es señal inequívoca de estar en lo cierto. Si la inercia del consenso ha ralentizado a veces el progreso, la historia de la ciencia está llena de voces discrepantes que quedaron al final en nada. Es verdad que consensos muy sólidos han caído a lo largo de la historia de la ciencia, pero por mucho que se diga otra cosa, en climatología, en biología molecular, en genética y en epidemiología, estamos por ahora lejos de esa revolución que lo trastoque todo. Seguimos más bien en algo muy parecido a lo que Kuhn consideraba «ciencia normal».

1. ¿Qué es la ciencia en realidad (y no en la imagen idealizada)?

La crítica es saludable, pero no siempre acierta y no se puede conceder igual respeto epistémico a cualquier disidencia. En la práctica esto llevará a situaciones controvertidas que no podrán ser eludidas. Con los antivacunas, por ejemplo, hay que encontrar el modo de evitar dos errores: el error de negarles cualquier posibilidad de presentar sus ideas en público, lo que atentaría contra su libertad de expresión, y el error comparable de darles voz en universidades o foros científicos, lo que no hace sino otorgarles un prestigio que no se han ganado por sus publicaciones o sus trabajos académicos. Con todo, incluso las críticas equivocadas y el disenso injustificado pueden cumplir una función útil en la ciencia. Pueden, por ejemplo, motivar la búsqueda de nuevas y mejores evidencias para sustentar las tesis que despiertan el consenso, pueden forzar a prestar más atención a planteamientos que no se habían considerado suficientemente, y pueden también ayudar a ofrecer una imagen más saludable de dicho consenso a un público externo a la ciencia que la que daría el rechazo de toda discusión. Dar respuesta a las críticas, aunque se hayan desmentido en muchas otras ocasiones críticas parecidas, fortalece el consenso científico, mientras que eludirlas o despreciarlas contribuye a debilitar la imagen pública de la propia ciencia (de Melo-Martín e Intermann, 2018, pp. 25-26).

Jesús Zamora Bonilla describe muy gráficamente este mecanismo de equilibrio entre el consenso y el disenso, cuyo efecto es la objetividad del conocimiento alcanzado:

La principal garantía de la objetividad de los resultados de la ciencia viene dada por la naturaleza competitiva del proceso de investigación: precisamente porque hay varios científicos intentando resolver el mismo problema, y cada uno de ellos desea que sea su propia solución la que sea aceptada por la comunidad, cada investigador tiene un incentivo para intentar demostrar de la manera más rotunda posible que las soluciones propuestas por los otros colegas son inaceptables, es decir, o bien falsas, o bien

59

no lo suficientemente verosímiles, o bien no lo suficientemente bien argumentadas. En muchas ocasiones, y en algunas disciplinas más que en otras, esto lleva a que la comunidad científica no llegue a un acuerdo sobre cuál debe ser la solución «correcta» de un problema, sino que pueden convivir hipótesis rivales e incompatibles, sin que ninguna de ellas sea aceptada unánimemente como «la verdadera». Pero los resultados que han conseguido superar esta dura competencia, de tal modo que hasta los propios científicos rivales hayan terminado reconociendo que aquel resultado era el correcto, tienen mucha más posibilidad de ser efectiva y razonablemente válidos. (Zamora Bonilla, 2017, p. 81)

El disenso es, pues, tan importante como el consenso en la ciencia. Por eso, quizás nada resuma mejor la tarea de la ciencia que el viejo aforismo de Bacon en su *Novum Organon* (II, XX) según el cual la verdad surge más fácilmente del error que de la confusión. Bacon aquí intuía lo que luego Popper elaboraría teóricamente: que mientras que es difícil disipar las nubes de la confusión, la ciencia ha sabido desarrollar un modo efectivo para detectar y eliminar rápidamente los errores. Este procedimiento, sobre el que se fundamenta el disenso, es la *crítica racional*.

Se ha dicho en alguna ocasión que la historia real de la ciencia consiste, sobre todo, en la historia de los fracasos. Los libros de historia dirigidos al gran público los minimizan o los hacen desaparecer, generando así la impresión de que el camino de la ciencia siempre ha estado alfombrado por los éxitos que han llevado directamente a las teorías del presente y que los que han sabido eliminar sus prejuicios han sido premiados siempre con el logro de verdades de mayor o menor importancia. Esta es, sin embargo, una visión ingenua que tiende a desconsiderar el enorme esfuerzo intelectual que se ha puesto con incansable empeño en investigaciones que no llegaron nunca a buen puerto. Sin ellas, la punta del *iceberg* que son los éxitos bien conocidos no habría podido emerger, porque ese esfuerzo intelectual solo en apariencia dilapidado ha servido para pulir los métodos y procedimientos, las ideas y los experimentos que luego llevaron al éxito. Lo admirable de la ciencia no es, pues, que no haya habido o no haya hoy fracasos y errores en ella, sino que ha sabido deshacerse con efectividad de esos tropiezos; ha conseguido superarlos, a veces con un gran esfuerzo y tiempo por delante, pero de forma bastante confiable. La ciencia consiste en buena medida en sobreponerse a los incesantes fracasos.

En la ciencia encontramos, de hecho, los instrumentos mejores (nunca perfectos) que ha desarrollado el ser humano para cribar la mala información, los argumentos defectuosos y la evidencia engañosa, y esto vale tanto para la física de partículas como para la climatología; y lo que hay detrás de su aplicación efectiva es la fuerte motivación que tienen los propios científicos para detectar los errores y corregirlos, o para proponer mejores hipótesis explicativas, puesto que en ello va una de las cosas que más valoran: su prestigio ante los demás. Por este motivo, la impostura tiene siempre en la ciencia un recorrido muy limitado y se paga muy duramente, con la pérdida total de la confianza de los demás científicos.

El filósofo de la ciencia Chrysostomos Mantzavinos (2019 y 2021) ha mostrado en sus trabajos que, para conseguir realizar estas aspiraciones, la ciencia necesita estar encarnada en instituciones en las que se salvaguarde y se tome en serio —es decir, que no sea un mero rito sin consecuencias— la crítica constante y la revisión de todas las propuestas teóricas y explicativas. Lo que mejor caracteriza a la ciencia, por tanto, no es la posesión de un método que garantice la verdad (que ya hemos visto que no existe), ni encajar en algún criterio epistemológico de demarcación, como la falsabilidad (que ya veremos que tampoco existe), sino haber sabido crear en un proceso histórico contingente y sometido a influencias diversas una estructura institucional que hace que la crítica racional, abierta y permanente, y la corrección de errores sean un incentivo para todos los miembros de la comunidad de investigadores. Podría decirse que esa estructura institucional fomenta y protege la aplicación de lo que Lee McIntyre ha llamado (2020) «la actitud científica» y antes el sociólogo Robert K. Merton había llamado «el *ethos* de la ciencia». Una actitud que cabe cifrar en la disposición comunitaria, basada en la competición, pero también en la colaboración, para cambiar de ideas en función de la evidencia empírica, con independencia de cuáles sean las convicciones y orientaciones que se mantengan individualmente.

Esta «institucionalización apropiada de la posibilidad de la crítica» es la fuente de la que emana la confianza en la ciencia. Los científicos han encontrado el modo de cambiar de opinión basándose en las buenas razones y en los datos obtenidos a través de la investigación rigurosa. Ganan prestigio e influencia realizando críticas a las propuestas de otros colegas que consigan la aceptación de los demás miembros de la comunidad, mientras que pierden prestigio e influencia si no aceptan las críticas que reciben sus ideas o las dificultan. Son diversas las instituciones que contribuyen a ello. Los congresos y las revistas con evaluación por pares, pero también los debates abiertos, el control de comités públicos o privados y de oficinas gubernamentales, el registro de patentes, la organización en universidades, centros de investigación y departamentos, en los que la discusión con los estudiantes y los colegas es continua, etc.

Las pseudociencias carecen en general de esta estructura institucional dedicada a la autocorrección y la crítica racional, o quizás sea mejor decir que sus seguidores se niegan a aceptar esa estructura institucional. Y dentro de las propias ciencias, no todas han tenido el mismo éxito en su establecimiento. Las ciencias sociales no han conseguido hasta el momento de forma tan amplia y generalizada como las naturales la alta exigencia de seguimiento de las normas que esas instituciones reclaman. Esa estructura institucional es, después de todo, un resultado histórico afortunado que necesitó de condiciones precedentes y que podría no haber acontecido. Es un proceso en constante desarrollo, en el que van mejorándose los métodos (no solo las teorías), pero que puede tener altibajos, como la crisis de replicación que padecen algunas disciplinas actualmente, o la extensión del fraude científico azuzado por el conocido «publica o perece». Por eso es importante cuidar todo lo posible de su preservación y perfeccionamiento.

Ahora bien, llega un momento, pasados ciertos límites, en el que el disenso y la crítica a una determinada idea puede degenerar en pseudociencia o en negacionismo y, por tanto, deja de ser visto como relevante y útil por parte de la comunidad científica. Pero ¿cuándo? ¿Cuándo el consenso debe ser asumible por cualquier persona bien informada y el disenso se vuelve poco respetable?

No hay reglas fijas. Una buena indicación de que estamos ante un disenso inapropiado es que no alcance unos niveles mínimos de rigor e impida el progreso científico, en lugar de beneficiarlo, aunque es difícil decidir en qué momento está ocurriendo algo así. Biddle y Leuschner (2015, p. 276) hacen una reflexión interesante al respecto:

El disenso puede ser beneficioso incluso si se basa en una investigación de baja calidad, ya que puede provocar la discusión y, por lo tanto, conducir a una comprensión más completa del estado del conocimiento. Para que el disenso sea epistémicamente problemático, no solo debe basarse en investigaciones de baja calidad (o investigaciones que violan los estándares convencionales establecidos), sino que también debe impedir el progreso científico.

Desafortunadamente, la disidencia en algunas áreas de la ciencia está haciendo precisamente esto cada vez más; está siendo utilizada cada vez más por las partes interesadas para socavar la autoridad de la ciencia con el fin de posponer acciones políticas inconvenientes. En climatología, los estudios contrarios a menudo se difunden a través de redes establecidas por *think tanks* conservadores y luego se utilizan como base para ataques personales y profesionales contra los climatólogos. [...] Existe una fuerte evidencia empírica de que los ataques tienen una influencia en el trabajo de estos científicos y, por lo tanto, en el progreso de la climatología.

Este tipo de disenso, llamado «disenso normativamente inapropiado», no proporciona ningún beneficio relevante, sino que, por el contrario, resulta perjudicial y en ocasiones ha tenido consecuencias terribles, puesto que ha generado medidas políticas nefastas (como ha sucedido con el negacionismo del virus del sida). Uno de sus rasgos principales es que suele crear «dudas manufacturadas», ajenas al auténtico debate científico, lo que deja ver que las intenciones que lo mueven no son las de hacer avanzar el conocimiento, sino otras distintas, como obtener algún beneficio para personas o grupos determinados (de Melo-Martín e Intermann, 2018, p. 6). Podrían quizás buscarse criterios fiables para detectar este disenso, aun siendo conscientes de que no serán condiciones necesarias y suficientes. Boaz Miller (2021), por ejemplo, cree que esta clase de disenso se da cuando se cumplen tres condiciones: (I) su proceso de generación es políticamente ilegítimo, (II) impone una distribución injusta de los riesgos inductivos, y (III) adopta límites en las evidencias que van más allá del rango aceptado. La condición (I) significa que detrás de ese disenso hay razones políticas que tratan de promover intereses particulares o alguna situación injusta. La condición (II) significa que las consecuencias negativas del riesgo inductivo asumido, que es el riesgo de cometer errores, es decir, de aceptar hipótesis falsas o rechazar hipótesis verdaderas, se hacen recaer preferentemente sobre algún grupo social. Y la condición (III) significa que para sustentar el disenso se utilizan evidencias que o no son aceptadas por el resto de la comunidad científica o están elegidas para llegar a unos resultados preferidos de antemano.

Sin embargo, Inmaculada de Melo-Martín y Kristen Intermann (2018) han sostenido que esta tarea de buscar criterios para el disenso normativamente inapropiado no lleva a buen puerto puesto que siempre podrían dar lugar a malas identificaciones y además no evitarían las consecuencias negativas del mismo. En su opinión, ni siquiera los criterios razonables propuestos habitualmente, como que los disidentes actúen de buena fe, que compartan algunos estándares de evaluación, que se comprometan a considerar seriamente las críticas que ellos reciban, y que posean algún grado de pericia técnica en el tema, carecen de problemas. O bien son de muy difícil atribución en los casos concretos o bien dejan un amplio margen subjetivo para descalificar disidencias que podrían, sin embargo, contribuir al progreso científico, sobre todo motivando la revisión crítica de los presupuestos, las evidencias y los argumentos en favor de las tesis consensuadas, lo que puede redundar en un reforzamiento epistémico de esos elementos. Creen por ello que sería mejor sustituir la búsqueda de estos criterios por la tarea de encontrar aquellos contextos (como la comercialización de la ciencia o las malas conductas científicas) en los que puede verse erosionada la confianza en los científicos a la hora de evaluar decisiones políticas. El mayor daño que producen estos disensos inapropiados se da, según estas autoras, en situaciones en las que previamente se ha minado la confianza que el público no experto podía tener en los científicos o en sus fines. Lo que hay que hacer, por tanto, más que centrarse en desacreditar a los disidentes, es tomar medidas para reforzar esa confianza.

Hay, por otro lado, contextos, como la investigación militar o gran parte de la financiada de forma privada, en los que la crítica es imposible, puesto que son investigaciones secretas y no se publican. Esto afecta en buena medida a las compañías farmacéuticas. Como recurso frente a estas situaciones habría que incentivar la transparencia, la diversidad y las prácticas que faciliten institucionalmente la exposición pública de los debates y la discusión de las objeciones y las razones de los disidentes.

Quizás lo mejor que podamos hacer para concluir es recordar lo que escribió Kuhn sobre aquellos científicos que se niegan intespestivamente a aceptar el consenso que se genera en torno a un paradigma vencedor:

> Aunque el historiador puede siempre encontrar a quienes, como Priestley, fueron tan poco razonables como para resistirse tanto tiempo como él lo hizo [al consenso del nuevo paradigma], no encontrará un punto en el que la resistencia se convierta en ilógica o acientífica. Como mucho, podría decir que quien continúa resistiéndose después de que toda la profesión se ha convertido, ha dejado *ipso facto* de ser científico. (Kuhn, 1970, p. 159)

2. El conocimiento científico es fiable y aproximadamente verdadero, aunque sea un producto social

Es todavía un principio fundamental de la ciencia que la alegación de conocimiento no puede apoyarse o justificarse mediante la apelación a su potencial para satisfacer algún interés personal, político, económico o religioso. Si la violación de esta norma de objetividad se detecta, será corregida por otros científicos.

I. Niiniluoto, «Social Aspects of Scientific Knowledge»

Pero los científicos [...] están siendo empujados cada vez más al centro de atención con un micrófono frente a ellos. Esa es una situación que es peligrosa para ellos y peligrosa para el público [...]. Debido a que la ciencia se financia con fondos públicos, tener un artículo sobre su trabajo publicado en *LA Times* o *The New York Times* [...] se considera una verdadera ventaja. Es algo que posiblemente podría tener un impacto, por indirecto que sea, en la financiación futura de su investigación en un campo altamente competitivo. Estas consideraciones también agregan una motivación, en primer lugar, para ir a la prensa popular antes de ir a las revistas especializadas, antes de que pase por una revisión por pares, y en segundo lugar, quizás, para exagerar la importancia de sus hallazgos.

L. Daston, «Does Science Need History? A Conversation with Lorraine Daston»

Ciencia y verdad

Los términos «verdad» y «verdadero» son problemáticos porque pueden referirse a cosas distintas y porque son interpretados también de diversas maneras. Se habla de la verdad de los hechos, de la verdad de una persona (en el sentido de su autenticidad o de su honestidad), de la verdad de una historia, de una novela, de una obra de arte, e incluso los filósofos hablan a veces de la verdad de las cosas o de la «verdad del ser».

Aquí interpretaremos el término «verdad» como un predicado que se refiere a enunciados o proposiciones. Cuando decimos que es una verdad bien conocida que la nieve es blanca, esto puede entenderse como si indicáramos que es un hecho constatado que la nieve es blanca, pero también, de forma más precisa, como si afirmáramos que el enunciado «la nieve es blanca» es un enunciado verdadero. En este sentido lo tomamos aquí. Por lo tanto, en la ciencia, la verdad o falsedad será de forma primaria un atributo de los enunciados científicos (decimos así que el enunciado «a toda acción corresponde una reacción de igual magnitud y sentido contrario» es verdadero), aunque de forma derivada puede aplicarse también a las teorías en su globalidad o a los modelos, ya que estos dan lugar a enunciados sobre los sistemas modelados, y podemos entonces decir que consideramos que la teoría de la relatividad es aproximadamente verdadera o que el modelo Lotka-Volterra del comportamiento de depredadores y presas, siendo estrictamente falso, puede ir aproximándose a la verdad si se van eliminando algunas idealizaciones para acercarlo al sistema real.

Cuando hablamos de verdad en la ciencia, nos referimos siempre a una verdad aproximada o a la verosimilitud. Esto es importante, porque prácticamente nadie pretende que tengamos una verdad definitiva o absoluta sobre nada. Lo normal es atribuir a nuestros enunciados un cierto grado de aproximación a la verdad o un cierto grado de verosimilitud. La verosimilitud es un término clásico, reivindicado por Karl Popper para la filosofía de la ciencia, sobre el que ha corrido mucha tinta. Puede entenderse como la unión de verdad aproximada y alto contenido informativo. Podríamos también decir que nuestros enunciados son solo verdaderos con un cierto grado de probabilidad, con perdón de Popper, al que no le habría gustado nada que mezcláramos a la probabilidad en esto, o, de forma quizá más exacta, que son verdaderos acerca de un mundo suficientemente similar al nuestro.

Si dejamos de lado a los que consideran que la verdad no existe o no importa (posverdad), o que es indefinible, o que es redundante, puesto que no hace más que enfatizar el enunciado del cual se predica, sin añadirle nada a su contenido, hay diversas definiciones de verdad que han sido propuestas a lo largo de la historia. Un relativista subjetivista diría que lo verdadero es lo que acepta como tal cada individuo. Un relativista cultural diría que es lo que acepta como tal una determinada comunidad. Un coherentista diría que verdadero es aquel enunciado que encaja bien o que mantiene la coherencia con el resto de enunciados que aceptamos. Un pragmatista sostendría que lo verdadero es aquello que alcanzaríamos cuando lográramos un estado ideal de conocimiento, como, por ejemplo, cuando la ciencia llegara a su final (si es que llega a él alguna vez), o cuando estableciéramos una comunidad ideal de diálogo, capaz de manejar toda la información de forma no sesgada, o cuando estuviéramos en situación de justificar con plenas garantías epistémicas todo lo que sostengamos. Pero la definición que sigue siendo más popular es la definición clásica, y es la que aceptan los filósofos llamados «realistas». Según esta definición, la verdad es la correspondencia de nuestros enunciados con la realidad. Aristóteles lo dijo de forma algo más enigmática, pero no demasiado distinta: la verdad es decir de aquello que es, que es, y de aquello que no es, que no es, y la falsedad, justo lo contrario. Aquí debemos presuponer que «decir de aquello que es, que es» equivale a «decir de aquello que es tal cosa, que es tal cosa» (Agazzi, 2019, p. 235). En lo que sigue, asumiremos esta noción de la verdad como correspondencia, no solo porque suele ser el sentido que le damos en la vida cotidiana, sino porque es que es el que ha centrado el debate en la filosofía de la ciencia, ya sea para conceder que cumple una función importante en la explicación del progreso científico, ya sea para rechazar tal cosa.

Para muchas personas, incluyendo muchos científicos, es obvio que la ciencia nos proporciona verdades sobre el mundo y están tan convencidos de ello que se molestan solo con la sugerencia de que podría no ser así, como si eso fuera denigrante para la imagen de la ciencia. Después de todo, la ciencia nos ofrece conocimientos sólidos y el conocimiento es, al menos en la definición clásica, la creencia verdadera que tiene justificación. Habrá también quien, de forma menos ambiciosa, coincidirá con Hoyningen-Huene en que en la ciencia es simplemente la creencia bien establecida.[1] Sin embargo, no es infrecuente escuchar a científicos que dicen que a ellos eso de la verdad les parece algo abstruso y alejado de su trabajo cotidiano, y que sus pretensiones a la hora de hacer ciencia son mucho menos elevadas. Les basta con encontrar, cuando las cosas no se tuercen, alguna respuesta aceptable para los problemas que se plantean. Tratan de elaborar hipótesis o modelos que permitan encajar los hechos conocidos e, incluso en algunos casos afortunados, predecir algunos nuevos. Están interesados en «hacer que las cosas funcionen lo mejor posible por el momento», y lo demás es filosofía.

Y no hablamos aquí, porque estamos en cosas más serias, de esas personas que confunden lo que es una teoría científica con el sentido que damos a la palabra «teoría» en contextos cotidianos, en los que es casi sinónima de suposición que se formula sin demasiado fundamento o incluso sin evidencia alguna, y que, por lo tanto, es probablemente falsa (por ejemplo, «tengo la teoría de que Einstein era extraterrestre»). En la ciencia su significado es justo el

---

1 Véase en Youtube su conferencia *Ignorance in Science and Its Dynamics*: https://www.youtube.com/watch?v=Qn2cQBc3DoM

contrario. Designa un conjunto de enunciados (o de modelos), algunas veces en forma de leyes, que cuentan con un sólido respaldo en la evidencia empírica, aunque, como todo en la ciencia, puede ser revisable en función de nuevas evidencias que se vayan encontrando. Este es el caso, por cierto, de la teoría de la evolución, a la que sus críticos, llevados por esta confusión, suelen acusar de ser «solo una teoría». Lo es, pero en el mismo sentido respetable en que lo es la teoría cuántica.

La cuestión entonces es: ¿busca la ciencia la verdad y consigue obtenerla? Pues depende. No es una pregunta fácil. Unas veces sí la busca y otras veces no, pero lo interesante es averiguar cuándo lo hace y por qué y cuándo no. Creo que es difícil negar que la verdad desempeña un papel importante en al menos dos de los objetivos que suelen destacarse en la investigación científica: la predicción y la explicación de los fenómenos. Si una predicción no es verdadera, y esto lo podemos constatar mediante la observación o la experimentación, por mucho que haya ocasiones en que los resultados no sean fácilmente interpretables, no consideramos tal predicción como aceptable científicamente (de hecho, podemos utilizar ese fallo predictivo en contra de la hipótesis de partida). Algo similar puede decirse de una explicación científica. Si consideramos que una explicación no es verdadera, entonces no nos la creemos en realidad y solo podemos asumirla como un esbozo de explicación o como una explicación tentativa, como ya indicó Carl Hempel en su día, no como una explicación genuina. Al menos no sería una explicación con la que uno se quisiera quedar; sería solo un paso intermedio para lograr algo mejor, para encontrar otras explicaciones más satisfactorias (más verdaderas). En cierto sentido podemos decir que el modelo ptolemaico explicaba el movimiento de retrogradación de los planetas, pero hoy sabemos que la explicación de dicho movimiento mediante epiciclos era falsa. Por eso, sería más apropiado decir que el modelo ptolemaico trató de explicar el movimiento de retrogradación y ofreció una *respuesta plausible* que encajaba con los datos disponibles y realizaba algunas predicciones correctas, pero no consiguió una explicación genuina porque la respuesta recurría a mecanismos inexistentes, como los epiciclos, y, por lo tanto, era falsa. No obstante, hay que reconocer que algunos filósofos, como el finlandés Ilkka Niiniluoto, piensan que, incluso aunque el recurso necesario a los inexistentes epiciclos implicaba un fallo en la referencia, el modelo en su totalidad sería aproximadamente verdadero, o al menos más verosímil que los anteriores (Niiniluoto, 1999, p. 192). En mi opinión, esto es forzar un tanto la expresión.

Más complejas son las cosas si tomamos en consideración otros fines de la ciencia, como la comprensión del funcionamiento del mundo o su control tecnológico y práctico. Podemos obtener una buena comprensión de los fenómenos mediante modelos que, debido a su grado de abstracción e idealización, son falsos hablando en sentido estricto (como la ley Boyle-Mariotte sobre los gases, por ejemplo, o la ley del péndulo de Galileo). Asimismo, podemos obtener un alto grado de control sobre los fenómenos (aunque habría que ver cuánto) con hipótesis, modelos o teorías que no consideramos ahora o en su momento como verdaderos. Podría argüirse que estos modelos idealizados no son estrictamente falsos, sino aproximadamente verdaderos, puesto que guardan un cierto grado de similitud con los sistemas reales que pretenden modelizar. Por ejemplo, buena parte de la ingeniería actual se basa en leyes y modelos de la mecánica newtoniana que podríamos considerar como verdades aproximadas en el contexto en el que se aplican. Y lo mismo valdría para la ley del péndulo de Galileo o de la ley de los gases ideales. Son verdaderas acerca de sistemas ideales que no existen en la realidad, pero son lo suficientemente parecidos a los sistemas reales como para obtener conclusiones aproximadamente verdaderas sobre ellos. Esta podría ser una respuesta adecuada en estos casos, pero el problema está en que no siempre los modelos son así. Hay modelos que solo forzando mucho las cosas podrían considerarse como verdades aproximadas. Así, el modelo ptolemaico fue una buena herramienta para la navegación durante siglos, pero los epiciclos eran una mera ficción geométrica y no eran similares a nada real. Por otro lado, en ocasiones se aceptan modelos incompatibles para entender ciertos fenómenos y, por pura lógica, no pueden ser simultáneamente verdaderos. Solo lo podrían ser si se limitaran a ofrecen diferentes perspectivas del sistema modelado, porque entonces no serían más que diferentes idealizaciones de un mismo sistema.

¿Estamos legitimados para hablar de verdad (aproximada) cuando los modelos, hipótesis o teorías hacen referencia a entidades inobservables, como los quarks? Esta es una pregunta que ha generado un intenso debate en las últimas décadas. Parece fácil asumir que un enunciado que asigne a un animal un cierto rasgo fenotípico, que afirme, pongamos por caso, que un ejemplar de ciervo posee una cornamenta de tamaño superior a la media en su especie, puede ser verdadero o falso, ¿pero cómo atribuir siquiera verdad aproximada a un enunciado sobre los quarks si un quark es una entidad teórica que no puede ser observada? Hay filósofos, liderados por Bas van Fraassen, que piensan que la verdad aproximada solo puede asignarse al primer tipo de enunciados, que hace referencia a entidades y propiedades observables, pero no al segundo. Ahora bien, puesto que las teorías científicas contienen casi siempre términos que se refieren a entidades inobservables, dichas teorías no deben ser consideradas como aproximadamente verdaderas, sino solo como «empíricamente adecuadas».

Esta última expresión significa que, aunque las predicciones que hacen las teorías científicas sobre fenómenos observables pueden ser aproximadamente verdaderas, no debemos por ello concluir que las propias teorías lo sean o que haya que atribuir referencia genuina a los términos teóricos. Es decir, no puede asumirse que también sea verdadero lo que la teoría afirma sobre las entidades teóricas y sus propiedades no observables. La adecuación empírica consiste solo en la verdad de lo que se afirma sobre lo estrictamente observable. Las entidades teóricas postuladas por la teoría no serían más que meros recursos predictivos y, como tales, la cuestión de su existencia real ha de quedar a un lado; los términos que las nombran no deben interpretarse literalmente. Este planteamiento, conocido como *empirismo constructivo*, presenta, sin embargo, un problema que han señalado repetidamente sus críticos. Puede parecer un acto de prudencia epistemológica no comprometerse con la verdad aproximada de los enunciados que se refieren a entidades no observables, pero ni está claro que en muchos casos podamos hacer una separación tan nítida entre lo que es observable y lo que no lo es, ni es fácil justificar que se establezca una diferencia tan notable entre entidades o propiedades de las cosas sobre la base de argumentos que tienen una fuerte carga antropológica: ¿por qué lo que es o no observable para un ser humano debe marcar una diferencia ontológica y epistemológica tan acusada?

Otra respuesta distinta es la de los *instrumentalistas*. Estos piensan que las teorías científicas no son el tipo de cosas que debamos interpretar como verdaderas o falsas, sino solo como útiles o inútiles para ciertos propósitos, ya sean de tipo intelectual, ya sean de tipo práctico (tecnológico). Al igual que en la astronomía antigua los modelos acerca del movimiento de los planetas, como los de Eudoxo y Calipo o los de Ptolomeo, solían interpretarse como simples herramientas conceptuales para «salvar los fenómenos», las teorías científicas actuales deben tomarse también de ese modo. Son instrumentos para predecir nuevos fenómenos, para correlacionarlos, para estructurarlos y ordenarlos, y, por supuesto, para manipular la realidad mediante la tecnología que podamos construir con su ayuda, pero no han de interpretarse como verdades acerca del mundo. Lo que importa es que una teoría o un modelo sea capaz de hacer buenas predicciones, a ser posible sobre fenómenos desconocidos, y sirva para objetivos centrados en el control de la realidad. Esta actitud, según algunos historiadores de la ciencia, fue la predominante en la Interpretación de Copenhague de la teoría cuántica, debido sobre todo a la influencia de Heisenberg. Los físicos vieron la teoría como un instrumento para establecer las probabilidades de posibles resultados experimentales, no como una descripción de una realidad independiente. En particular, la función de onda, que recoge el comportamiento de un sistema cuántico, debía interpretarse como una mera herramienta de cálculo. Lo que el físico hace es construir una función de onda a partir de ciertas observaciones, y esa función constituye un catálogo de las probabilidades de los resultados de posteriores mediciones efectuadas sobre sistemas microfísicos individuales. En palabras exageradas, de las que luego se arrepintió, el físico David Marmin, en un artículo publicado en 1989 en *Physics Today*, decía que esa interpretación de la teoría cuántica podía resumirse en una sola frase: «calla y calcula».

Hay una posición más radical sobre este asunto de la verdad en la ciencia que tiene bastante predicamento en las ciencias sociales. Me refiero al *constructivismo*. Según esta concepción, las entidades teóricas postuladas por las teorías científicas son meras construcciones sociales. Lo que cuenta como realidad para la ciencia es el resultado de una construcción en los laboratorios. Son las negociaciones entre los científicos las que hacen que algo sea considerado como un hecho y, por tanto, las que constituyen el objeto mismo como entidad real. Con esto no dicen que la ciencia sea un fraude, ni pretenden negar que los hechos científicos sean sólidos y fiables. Se trata más bien de que los hechos y la realidad no pueden ser aducidos para explicar cómo los científicos resuelven o cierran sus controversias porque la realidad externa es la consecuencia y no la causa del trabajo científico; los hechos son el producto y no el desencadenante de la controversia misma. La realidad se define precisamente como el conjunto de enunciados que es demasiado costoso modificar (Latour y Woolgar, 1986).

El problema principal de esta posición es que su explicación del éxito práctico de la ciencia resulta problemática, por decirlo suavemente. No parece muy convincente afirmar, como hacen sus defensores, que la ciencia funciona porque ella misma crea las condiciones que propician su funcionamiento, condiciones artificiales que son extendidas fuera de los laboratorios, y por ello no habría nada sorprendente en su éxito. Si asumiéramos esta idea, lo difícil sería entonces explicar el fracaso en la ciencia. Si los hechos están socialmente construidos, ¿por qué no construirlos a nuestra conveniencia? ¿Por qué no construirlos para encontrar un remedio a todas las enfermedades que se nos resisten? ¿Por qué determinados enunciados son tan costosos de modificar, aun cuando toda la comunidad científica estaría encantada de poder hacerlo? ¿No será que no son esos enunciados los que determinan lo que es real, sino que es la realidad la que conmina a aceptarlos?

El hecho de que la ciencia sea una construcción social, como cualquier otra institución humana, no quiere decir que los hechos o la realidad que estudia también lo sean y mucho menos que lo sea la validez empírica de los resultados. Si un avión sobrevuela los Alpes con éxito rutinario, no es porque hayamos conseguido llevar las condiciones favorables de un laboratorio de aeronáutica a dicha cordillera, sino porque está construido con una tecnología fiable en función de cómo es el mundo con independencia de nuestros deseos y de nuestros acuerdos sociales. Más bien lo que puede decirse es que la ciencia como institución ha sabido proporcionar a los miembros de la comunidad científica procedimientos muy eficaces que permiten reforzar la garantía que cabe dar a los resultados, cribando aquellos que consiguen pasar la dura aplicación de los criterios de selección correspondientes. Ciertamente, la ciencia es, entre otras cosas, un discurso, pero no un discurso como tantos otros, sino uno en el que los argumentos racionales y, sobre todo, la contrastación con la evidencia empírica, son fundamentales. Lo expresan con buen tino Natalia Fernández y sus colaboradores:

> La ciencia como discurso está fuertemente constreñida; de hecho, es el más constreñido de todos discursos humanos. Si bien es cierto que los cambios en el conocimiento científico son validados y negociados entre científicos, los medios por los cuales estas

validaciones funcionan van más allá de la mera dinámica social. El objeto de la investigación científica es el mundo natural, y en última instancia el discurso científico debe corresponder al funcionamiento del mundo natural que describe, en términos de resultados experimentales, predicciones observacionales, consistencia con observaciones previas, etc. El conocimiento científico no consiste solo en acuerdos entre científicos. (2022, pp. 1438)

Finalmente, goza también de cierto predicamento en la actualidad el *relativismo* que difundieron en las décadas de 1960 y 1970 los filósofos de la ciencia Thomas Kuhn y Paul Feyerabend. Ambos sostuvieron que las grandes teorías científicas rivales (paradigmas, en la terminología de Kuhn) que pugnan por la aceptación de los científicos en las épocas en que se producen los cambios teóricos son inconmensurables. Esto significa que la ciencia no progresa hacia una meta sobre cuyo acercamiento por parte de nuestras teorías podamos hacer una estimación objetiva y neutral, y menos aún esta meta podría ser la verdad. Para Kuhn, y en esto Feyerabend no le iba muy lejos, la verdad es interna a cada paradigma. Solo desde las normas metodológicas y desde los presupuestos insertos en cada paradigma, que cambian cuando cambia el paradigma, puede decirse que un enunciado es o no verdadero, pero carece de sentido buscar una verdad supraparadigmática, establecida con independencia de los criterios valorativos de cada paradigma. Tiene sentido decir que el enunciado «el electrón tiene un espín de ½» o el enunciado «las partículas elementales no se mueven en trayectorias definidas» son verdaderos en el seno de la teoría cuántica, pero no tendría sentido decir que son verdaderos sin más. Podrían ser falsos o recibir una reinterpretación radical dentro de un nuevo paradigma que desplazara en el futuro a la actual teoría cuántica si se diera una nueva revolución científica en la física que instaurara nuevos métodos y nuevos modos de ver el mundo, y serían enunciados sin sentido o falsos en paradigmas anteriores, como el newtoniano.

Frente a todas estas posiciones que acabamos de describir brevemente, el *realismo científico* adopta un compromiso mucho más fuerte con la verdad en la ciencia, incluyendo los casos en que las teorías postulan entidades inobservables. Sostiene que a las mejores teorías que se formulen dentro de las ciencias maduras debemos considerarlas como aproximadamente verdaderas, en el sentido de que sus contenidos incluyen muchas afirmaciones que encajan con el modo en que son los hechos (aunque caben también nociones más matizadas de la verdad). El realismo afirma además que a esa verdad aproximada y con alto contenido informativo debe precisamente la ciencia su éxito predictivo y práctico.

Las tesis del realismo científico han sido caracterizadas de muy diversos modos. He aquí mi propia selección:

(a) Las entidades teóricas postuladas por las teorías científicas bien establecidas existen (aunque pueda haber excepciones). Los términos teóricos típicamente refieren, es decir, las entidades que designan se supone que son reales.

(b) Las teorías científicas nos proporcionan un conocimiento de la realidad tal como esta es, no se limitan a salvar los fenómenos.

(c) El enorme éxito predictivo de nuestras teorías científicas se debe a que estas contienen muchas afirmaciones verdaderas acerca de la realidad.

(d) Estas afirmaciones verdaderas no se restringen solo al ámbito de lo directamente observable, sino que en principio pueden ser también enunciados que contienen términos teóricos referidos a entidades no observables.

(e) Las teorías científicas actuales son mejores que las del pasado no solo porque resuelven más y mejores problemas, sino porque son más verdaderas. En eso consiste fundamentalmente el progreso científico.

2. El conocimiento científico es fiable y aproximadamente verdadero

Así pues, los realistas creen que las teorías científicas no son meras herramientas conceptuales, útiles para manejar la realidad o hacer predicciones observables, y menos aún construcciones sociales que determinan por sí mismas lo que es real. Sostienen, al contrario, que nuestras teorías pretenden —y consiguen a menudo— describir y explicar una realidad que es independiente del ser humano. Incluso el contenido más alejado de la experiencia sensible en dichas teorías es susceptible de ser verdadero o falso, lo que significa que las entidades teóricas postuladas (electrones, quarks, genes, campos electromagnéticos, etc.) deben interpretarse como entidades realmente existentes, si bien, claro está, podemos equivocarnos a veces al respecto, como pasó con el calórico, el flogisto o el éter.

La tesis (c) del realismo tal como lo hemos caracterizado es algo más que un supuesto asumido por sus defensores. Se trata en realidad para muchos realistas de la principal pieza de convicción en favor de sus tesis y suele ser presentado como un argumento, como una inferencia abductiva conocida como el argumento de «no hay milagro». En una forma (c') que haga explícita su estructura argumental, vendría a decir lo siguiente:

(c') El sorprendente éxito predictivo de la ciencia —que resulta especialmente manifiesto en la capacidad para, a partir de los principios teóricos, predecir con acierto hechos novedosos, desconocidos con anterioridad, e incluso absolutamente inesperados, como la curvatura de la luz en campos gravitacionales, o en la precisión extrema lograda en ciertas predicciones cumplidas, como el valor del momento magnético del electrón— sería un milagro si las teorías implicadas no fueran al menos aproximadamente verdaderas. Un éxito así, cuando además es duradero y se repite en circunstancias muy diversas, como sucede con las mejores teorías científicas, solo es posible si, de alguna manera, nuestras teorías «han tocado hueso» en la realidad y la han «cortado por sus junturas».

La crítica más influyente y certera de este argumento realista fue formulada por Larry Laudan en un artículo de 1981 titulado «Una refutación del realismo convergente», que todavía se cita profusamente. En él, Laudan desmonta la tesis de que la verdad (aproximada) de nuestras teorías científicas es la mejor explicación que podemos dar del éxito predictivo y práctico de la ciencia, y lo hace mostrando que en el pasado hemos tenido un éxito apreciable con teorías que hoy consideramos falsas. Es, por tanto, un error comprometerse, como hacen los realistas, con la ontología postulada por una teoría científica solo porque esta tenga éxito. Esta crítica efectúa, como puede apreciarse, una inducción pesimista: si en el pasado hemos tenido éxito con teorías falsas, nada impide que eso mismo nos suceda ahora y también en el futuro.

Los realistas llevan desde entonces elaborando respuestas a esta crítica, unas más plausibles que otras, y el debate continúa. Hay dos réplicas que han concitado más apoyo. La primera es que Laudan está pensando en el éxito *explicativo y empírico* (en la capacidad para concordar con los hechos), pero no en el éxito *predictivo* referido especialmente a las *predicciones novedosas*. La segunda es que el éxito que hayan tenido esas teorías falsas en el pasado no debe atribuirse a cada teoría en su totalidad, sino solo a ciertos componentes dentro de ellas que pueden considerarse como aproximadamente verdaderos y que, por ello mismo, son conservados en las teorías posteriores. Estos componentes podrían reducirse incluso a una estructura formal, como mantiene el realismo estructural. El compromiso realista debe ser solo con esos aspectos de una teoría responsables del éxito de la misma. Puede aceptar, por ejemplo, la verdad aproximada del electromagnetismo de Maxwell sin comprometerse, como es lógico visto desde nuestra perspectiva, con la existencia del éter electromagnético que Maxwell utilizó para articular su teoría, puesto que el éxito de la teoría no es atribuible a la postulación errónea del éter, sino a la corrección de las ecuaciones sobre los fenómenos electromagnéticos.

2. El conocimiento científico es fiable y aproximadamente verdadero

Sea como sea, creo que hay que darle la razón a Laudan en que el éxito práctico de una teoría no implica su verdad ni la verdad implica necesariamente éxito práctico. Pero me parece también que el realista científico sostiene algo más modesto. No hace falta una conexión tan fuerte como la que Laudan critica para sostener que la verdad (aproximada) de las teorías científicas es la mejor explicación de su éxito predictivo y práctico *prolongado en el tiempo y aplicado a fenómenos de ámbitos dispares.* El argumento del «no hay milagro» sostiene solo que hay *buenas razones* para suponer que la teoría o las hipótesis que dan lugar a dicho éxito son aproximadamente verdaderas, pero no necesita de una coimplicación entre éxito y verdad. Puede haber casos de verdad aproximada sin éxito y casos de éxito sin verdad aproximada, como algunos de los que Laudan menciona, y aun así tiene sentido sostener que la verdad aproximada es la mejor explicación del éxito (Diéguez, 2006).

Es importante tener en cuenta asimismo que lo que el realista pretende defender no es una tesis sobre la psicología o las motivaciones de los científicos particulares. Por eso, no debe atribuirse al realismo científico la idea de que siempre que los científicos aceptan una teoría lo hacen porque creen en su verdad. La aceptación o defensa de una teoría no implica necesariamente la convicción por parte del científico de que la teoría presenta una verdad literal sobre el mundo. El realismo puede admitir que los científicos tengan actitudes muy diversas ante las teorías que defienden. De hecho, puede admitir que en ocasiones los científicos aceptan hipótesis o teorías exclusivamente por su valor instrumental, es decir, porque les permiten dar respuesta a problemas teóricos por los que tienen interés o solucionar problemas prácticos, lo que les facilita el control sobre la realidad, y ello a pesar de que no tengan ninguna intención de comprometerse con la verdad de esa hipótesis o teoría concreta. Esto es lo que pasó, por ejemplo, como cualquier persona informada sabe, con la teoría atómica de Dalton a comienzos del siglo XIX o con la noción de cuanto de acción de Planck a comienzos del XX. Dicho de otro modo, el realismo permite cierta dosis de instrumentalismo. Pero lo contrario no sucede. Un instrumentalista no suele conceder la posibilidad de una interpretación realista de las teorías en ningún caso. El realismo puede aceptar además que, si bien la verdad es un valor epistémico fundamental para la ciencia, no es el único valor epistémico que busca realizar la investigación. La idea de que el único valor epistémico que busca la ciencia es la verdad se conoce como «veritismo» (Elgin, 2017), y no todo realista es un veritista. No hay nada, de hecho, en el realismo que obligue a asumir tal monismo axiológico en la ciencia, y los realistas no suelen hacerlo.

Por otro lado, como decíamos antes, en la ciencia suelen aceptarse modelos que, a pesar de su reconocida falsedad, o a pesar de no poder establecerse su verdad aproximada debido a que realizan idealizaciones o abstracciones muy marcadas, son útiles, por ejemplo, para hacer predicciones, para facilitar los cálculos, para razonar con ellos acerca de los sistemas modelizados o para comprender ciertos fenómenos (y en esto tiene razón el instrumentalista) (Suárez, 2009; Diéguez, 2020). En ocasiones puede tratarse incluso de modelos explícitamente formulados para representar un sistema imaginario, sin contrapartida real conocida. Es decir, no habría ningún sistema *real* que pudiera ser considerado como representado, ni siquiera aproximadamente, por el modelo. Estos modelos pueden incluso estar en conflicto con leyes científicas establecidas. Pero, aunque los sistemas representados por ellos sean por completo ficticios, tales modelos son propuestos para entender algunos fenómenos reales. De hecho, es precisamente en la disimilitud o el contraste entre el sistema modelado y los fenómenos reales donde recae su función explicativa. Como escribe Michael Weisberg, «en la medida en que podemos entender por qué no existen [los fenómenos descritos por el modelo], podemos haber obtenido una mejor comprensión de los fenómenos que sí existen» (Weisberg, 2007, p. 223).

Por ejemplo, pueden elaborarse modelos teóricos de especies biológicas que, en lugar de tener dos tipos reproductivos *(mating types)*, y, por tanto, dos tipos de gametos, como es el caso en metazoos, tengan tres tipos o más. Un modelo así puede ser utilizado para mostrar que esa situación meramente hipotética sería evolutivamente menos estable que otra en la que solo hubiera dos tipos reproductivos. Es lo que hace Laurence D. Hurst (1996) al elaborar un modelo matemático para una población de protistas isógamos en la que hay tres tipos sexuales. El modelo muestra que, a menos que el coste de encontrar pareja sea alto, esta población y otras poblaciones de organismos con fusión de gametos debe evolucionar hacia dos tipos sexuales. Aquí se asume desde el principio la falsedad del modelo, pero esa falsedad es justamente lo que permite explicar la existencia de ciertos fenómenos.

Doy por sentado que cuando se habla en este contexto de verdad aproximada o de verosimilitud no se está admitiendo ningún tipo de visión acumulativista en el cambio de teorías. Como subrayó Popper —y después más aún Kuhn, y con ellos toda la filosofía de la ciencia posterior—, hasta nuestras mejores teorías del pasado fueron sustituidas por otras y es posible que a las actuales les termine sucediendo lo mismo. Pero el realista no cree que estos errores del pasado, y los que ahora cometemos sin saberlo todavía, deban llevar al abandono de la idea de la verdad como objetivo de la ciencia, y mucho menos a prescindir de la noción de verdad para explicar el progreso en la ciencia. Un progresivo avance hacia teorías cada vez más verosímiles puede hacerse perfectamente con cambios radicales en la interpretación teórica de la realidad. Las falsedades que ya hemos abandonado o las que aún mantenemos pueden ser legítimamente consideradas como verdades aproximadas en el sentido de que su verosimilitud era o es mayor que la verosimilitud de las teorías anteriores. Esta es una tesis que ya expuso con detalle Karl Popper.

No hay, sin embargo, una posición única entre los realistas acerca de cómo entender la noción de verdad. Hay realistas que son deflacionistas (la verdad de un enunciado consiste solo en la afirmación del enunciado y decir que es verdadero no añade nada al enunciado mismo, no le atribuye ninguna propiedad genuina), o que aceptan una visión de la verdad de carácter pragmatista, o que simplemente prefieren soslayar por completo este espinoso tema. Pero muchos realistas aceptan la teoría de la verdad como correspondencia y coinciden con Popper en que una versión precisa de la misma la proporcionó Tarski en 1933 para los lenguajes formales. Esto es un asunto controvertido, porque no todos los analistas creen que la teoría de la verdad de Tarski constituya una reformulación de la teoría de la verdad como correspondencia. Sin embargo, Tarski hizo ciertos comentarios que podrían interpretarse en este sentido, como que su teoría daba una forma precisa a la teoría de la verdad de Aristóteles.

Aunque su aplicación estricta es en lenguajes formales, como los de la lógica o la matemática, muchos realistas, siguiendo en esto también indicaciones de Tarski, creen que es trasladable a los lenguajes naturales o, al menos, a partes sustanciales de ellos. En la teoría de Tarski, «verdad» es un predicado metalingüístico y hace referencia a un lenguaje determinado en el que se formula cualquier pretendida verdad. Se trata siempre de una verdad en un lenguaje L, o, para ser más precisos, de una verdad en una determinada función de interpretación en un lenguaje L. No se puede describir el mundo sin un lenguaje, por lo tanto, no puede haber verdad sin lenguaje, no hay verdades no expresables en ningún lenguaje posible. Solo de una forma derivada y vaga atribuimos la verdad a los objetos, a los hechos, o a los acontecimientos. Incluso cuando hablamos de la verdad (aproximada) de una teoría, lo que se quiere decir es que una gran parte de sus enunciados o de los enunciados derivables de sus modelos, formulados en un lenguaje concreto, son aproximadamente verdaderos.

Ahora bien, que algo sea verdadero en un lenguaje no implica que tenga que ser verdadero en todo lenguaje. Un enunciado puede expresar una verdad en un lenguaje, o desde un esquema conceptual, y una falsedad en otro. Por ejemplo, el quinto postulado de Euclides es verdadero en la geometría euclidiana y falso en las no euclidianas. El enunciado «Berlín está al norte de Málaga» es verdadero en el español actual, pero sería falso en un lenguaje similar al español, pero en el que la palabra «norte» significara lo que en el español actual significa «sur», o carecería de sentido en un lenguaje que no distinguiera entre puntos cardinales. Que Ramsés II muriera muy probablemente de tuberculosis es un enunciado verdadero para nosotros, humanos del siglo xxi que conocemos los secretos de la bacteriología, pero no sería un enunciado verdadero para los familiares de Ramsés, cuyo lenguaje o esquema conceptual no incluía siquiera términos como «tuberculosis» o «bacteria». Sin embargo, este hecho (que no fuera considerado por los coetáneos de Ramsés II como un enunciado verdadero), no lo hace menos verdadero para nosotros, a pesar de lo que sostuviera en su día Bruno Latour (1998) en un polémico artículo. El realismo científico crítico no tiene problemas en aceptar que la verdad es siempre verdad en un lenguaje o esquema conceptual (en una perspectiva, si se quiere decir así). Pero, pese a lo que pueda parecer a algunos, esto no es una posición relativista.

No debe confundirse, en efecto, la tesis de que toda verdad es verdad en (una interpretación de) un lenguaje con la posición relativista que hemos caracterizado más arriba. Los seres humanos elegimos los lenguajes (o marcos conceptuales) que vamos a emplear en función de nuestros intereses, nuestra conveniencia y la utilidad de los mismos, pero es a la realidad a la que le corresponde la última palabra en el proceso de conocimiento. Es la realidad la que nos dice qué es verdadero o no en ese lenguaje. La versión del mundo que nos ofrece ese lenguaje contendrá verdades o falsedades, pero tanto las unas como las otras dependerán de la forma en la que es el mundo en relación a ese lenguaje, no de las creencias que tengan los usuarios de ese lenguaje ni de sus prescripciones metodológicas. La verdad, en la definición de Tarski, es una relación entre el lenguaje y el mundo, no entre el lenguaje y sus usuarios (Niiniluoto, 1999, pp. 55 y ss., y 2017).

Aclarado este asunto, sigamos deshaciendo malentendidos. Muchas personas con formación filosófica siguen identificando erróneamente el realismo con el *realismo ingenuo*. Como si el realismo tuviera que admitir necesariamente lo que Putnam llamaba «el punto de vista de Dios» y Thomas Nagel «el mundo desde ningún lugar», es decir, una perspectiva absoluta, neutral, que refleja sin pérdidas significativas ni añadidos distorsionadores la realidad tal como es en sí misma, o como si la mente no fuera más que un «espejo de la naturaleza», como pensaba Rorty que había asumido irremediablemente la epistemología moderna.

Esta identificación no se sostiene por poco que se conozca la bibliografía relevante sobre el tema. Cualquier realista bien informado admite lo que las ciencias cognitivas nos dicen desde hace tiempo: que el sujeto tiene un papel activo en el proceso de conocimiento y que toda pretensión de conocimiento está necesariamente situada en una perspectiva histórica, social, cultural y personal concreta. La cuestión es que podemos superar esa perspectiva comparándola con otras para hacer estimaciones más objetivas sobre la realidad. Como argumentó Popper, lo que el realista no acepta es «el mito del marco», la idea de que somos prisioneros permanentes de nuestros marcos conceptuales, de que «es imposible toda discusión racional o fructífera a menos que los participantes compartan un marco común de supuestos básicos o que, como mínimo, se hayan puesto de acuerdo sobre dicho marco en vistas a la discusión» (Popper, 1997, p. 46). No existe la categorización perfecta, la visión carente de lugar, pero podemos ir mejorando nuestras categorizaciones y nuestros marcos conceptuales mediante la crítica, la confrontación con la realidad y la comparación con otros marcos conceptuales.

El realismo crítico puede aceptar que el mundo no viene con las etiquetas puestas, no está prefabricado, como nos enseñó Hilary Putnam (1981). Podemos someterlo a diversas conceptualizaciones, describirlo con lenguajes diversos. Pero no todos nuestros intentos por estructurarlo conceptualmente funcionan igualmente bien. El mundo se resiste en formas diversas a nuestros intentos de conceptualización y de estructuración. Esa resistencia, esa «factualidad», como la designa Niiniluoto (1999, p. 286), es la que determina qué es lo verdadero y qué es lo falso una vez que hemos elegido un lenguaje o un esquema conceptual. Por eso, aunque toda verdad lo es en un lenguaje, la verdad o la falsedad no dependen en exclusiva de ese lenguaje.

El realismo no es, pues, incompatible con el perspectivismo (Massimi, 2022). Un perspectivismo como el que defendió, por ejemplo, Ortega y Gasset puede encajar perfectamente con él. En este perspectivismo no relativista, no todo se reduce a «mi» verdad o «tu» verdad, sino que cabe conjuntar las diversas perspectivas para alcanzar planteamientos más objetivos. La integración de las diversas perspectivas será siempre parcial y no podrá jamás proporcionar una verdad única y absoluta. Pero recuérdese que, para Ortega, la perspectiva no es una deformación de la realidad, sino su organización. La perspectiva es el orden y la forma que la realidad toma para el que la contempla. No altera la realidad, sino que la deja ser.

Ya sabemos que las cuestiones filosóficas no se dirimen mediante votación democrática. En esto son como las científicas. No obstante, quizás no sea del todo irrelevante saber que en una encuesta realizada a cerca de dos mil filósofos que publicaron sus trabajos en inglés (la mayoría de ellos norteamericanos), el realismo científico, entendido como la tesis de que la ciencia consigue elaborar teorías aproximadamente verdaderas acerca del mundo tal como es en sí mismo, fue la segunda idea filosófica que contó con más apoyo (por encima del 72 %), siendo la primera (con casi el 80 %) el realismo sobre el mundo externo, es decir, la idea de que hay un mundo independiente de nuestra mente. En estrecha relación con esto, la mayoría de los filósofos encuestados (un 55 %) se decantaba a favor de la vieja teoría de la verdad como correspondencia entre nuestros juicios, creencias o enunciados y la realidad (Bourget y Charlmers). Este fuerte apoyo al realismo entre muchos filósofos contemporáneos viene a confirmar un resultado muy semejante, obtenido en una encuesta anterior realizada por los mismos autores, y sugiere al menos que el realismo es visto por una buena parte de estos filósofos como la mejor manera de entender el modo en que funciona la ciencia.

Complétese el anterior dato con otro procedente de un estudio empírico publicado en 2020 en la revista *Philosophy of Science*, realizado con 1798 científicos de siete campos diferentes (física, química, biología, economía, psicología, sociología y antropología, junto con algunos profesionales del campo de la historia y la filosofía de la ciencia). De él se sigue que los científicos naturales son más realistas que los científicos sociales, y que los físicos —sorprendentemente, al menos para mí— son los que aceptan el realismo ontológico y el epistemológico en una proporción mayor. Resulta, además, que los más antirrealistas de todos son los profesores de historia y de filosofía de la ciencia (Beebe y Dellsén, 2020).

La inevitable incertidumbre

Mucho de lo que llevamos dicho constituye una base suficiente para comprender por qué la ciencia no puede ser entendida como conocimiento absolutamente cierto, demostrado desde principios seguros, empíricamente probado, establecido inductivamente con una alta probabilidad, ni en los términos de ninguno de esos viejos ideales de cientificidad que todavía gozan de cierta popularidad. Un repaso somero a la historia de la ciencia basta para comprender por qué fracasan en su pretensión de ofrecer una caracterización general de la ciencia. La ciencia no consiste en la búsqueda de certidumbres. Esto es algo que, al parecer, no entendieron algunas personas al comienzo de la pandemia de CO-VID-19, cuando le exigían a la ciencia lo que esta no puede dar: respuestas rápidas y absolutamente garantizadas, capaces de acabar con la inseguridad y los miedos que nos asediaron. La ciencia no debe ser vista como la panacea frente a nuestra inveterada intolerancia a la incertidumbre, aunque pueda proporcionarnos conocimientos fiables en muchas y diversas situaciones. Kostas Kampourakis y Kevin McCain lo advierten en un excelente libro sobre esta cuestión:

> En los últimos años, algunas personas han recurrido a la ciencia en busca de certezas. Es lamentable que a veces esto lleve también a una especie de fundamentalismo, que surge cuando la gente considera (y espera) que la ciencia sea algo sobre lo cabe tener certeza. Pero esto es un malentendido sobre la naturaleza de la ciencia. Aunque podamos estar muy seguros de las conclusiones de la ciencia, esta está llena de incertidumbres que debemos comprender y apreciar. (Kampourakis y McCain, 2020, pp. x-xi)

Nuestro conocimiento sobre el mundo, y en esto las ciencias empíricas no son una excepción, es siempre falible. Esto lo ha venido enseñando desde antiguo un sector importante de la tradición filosófica, aunque haya sido Popper quien se haya llevado buena parte del mérito por haber insistido especialmente en ello en su epistemología (Niiniluoto, 2020). En todo lo que creemos saber, siempre cabe la posibilidad del error, un error que podría haber pasado desapercibido durante decenas o centenas de años, pero que un buen día alguien es capaz de detectar, normalmente tras un gran esfuerzo creativo. Por eso, el ideal de certeza que promovieron algunos filósofos, el afán de tener un asidero firme en al menos algunos pocos conocimientos sobre los que afianzar luego todos los demás, es un ideal que ya no cuenta con muchos seguidores. Los referentes más conocidos son Platón, Descartes y Husserl, que fue el último en defenderlo, pero no le siguieron en esto sus discípulos más influyentes. A pesar de Popper, que no creía que la noción de probabilidad inductiva pudiera poner ningún remedio al falibilismo, son pocos los filósofos que se comprometerían hoy con la posibilidad de algo más que un conocimiento *probable* acerca de la naturaleza.

Hagamos, sin embargo, algunas precisiones. Niiniluoto (2020) ha distinguido entre un falibilismo débil, que habría sido preconizado por Charles S. Peirce, y un falibilismo fuerte, que podría rastrearse hasta la teología negativa de Nicolás de Cusa. El falibilismo débil sostiene que cualquier tesis científica es susceptible de ser refutada y abandonada, pero eso no impide que podamos alcanzar un conocimiento fiable de la realidad. La idea es que «el conocimiento humano es siempre *incierto* y *corregible*, pero aun así en algunos casos es verdadero, aunque no podamos estar seguros de ello» (p. 123). Para el falibilismo fuerte, en cambio, «los errores no solo son posibles, sino reales; nuestras creencias son falsas, aunque pueden estar "cerca de la verdad" o ser "aproximaciones a la verdad" (p.124). Niiniluoto cree que Popper habría defendido una versión del primero más que del segundo, aunque no pueda negarse que hay textos en los que parece estar defendiendo el falibilismo fuerte. Este segundo tipo de falibilismo estaría más cerca del escepticismo. La principal diferencia con él es que no rechaza la idea de un conocimiento aproximadamente verdadero o verosímil. Solo rechaza que podamos tener la certeza de haberlo alcanzado. En todo caso, ambas formas de falibilismo serían una alternativa frente a los dos extremos del dogmatismo y el escepticismo.

Por otro lado, al hablar de certeza, los filósofos suelen distinguir entre certeza psicológica, certeza epistémica y certeza moral (Reed, 2022). La certeza psicológica es el sentimiento subjetivo de estar en posesión de una verdad. Se trata de un sentimiento inevitable y lo experimentamos casi a diario, pero obviamente ese sentimiento no es garantía de nada. Creer fuertemente que se está ante una verdad no implica que lo estemos realmente. Cualquier persona razonable lo ha podido comprobar muchas veces a lo largo de su vida. La certeza epistémica, que es la que nos interesa aquí, es el grado máximo de garantía o justificación en la verdad de una creencia. Equivaldría a decir que, dada la evidencia disponible, es imposible estar equivocado, o que la probabilidad de que dicho conocimiento sea verdadero es la máxima, o sea, 1. En cuanto a la certeza moral, se dice que es la seguridad que basta para aplicar algo en la práctica ordinaria. Es el tipo de cosas que damos por sentadas todos los días para poder realizar cualquier tarea (que las mesas y las sillas son sólidas y no se desmoronan al menor contacto como castillos de arena, que los autobuses de la ciudad cumplen, mal o bien, un horario determinado, que las personas con las que nos encontramos no son alienígenas, etc.). Es de suponer que esta certeza moral es inevitable e incluso necesaria para que los seres humanos se desenvuelvan en los asuntos cotidianos y no sería descabellado buscarle incluso una base evolutiva. En cambio, si asumimos que en las ciencias empíricas no es posible tener una certeza epistémica, esto debería llevar también a la conclusión de que habría que excluir de ella la certeza psicológica.

Como es natural, que aceptemos el falibilismo (débil, que es el que personalmente me parece más defendible) y que no aceptemos, por tanto, el ideal epistémico de certeza como baremo del conocimiento, no significa que nuestras creencias carezcan de todo valor epistémico. No todo es inseguro en la ciencia ni es un destino inexorable que tenga que ser tarde o temprano derribado. Que no podamos afirmar que la probabilidad de estar en lo correcto sea 1 no quiere decir que no quepa atribuir probabilidades altas a ciertas ideas. Podemos estar bastante seguros, por ejemplo, de que el ser humano debe ser clasificado entre los primates en lugar de entre los roedores, o de que la evolución biológica ocurrió y sigue ocurriendo, o de que nadie construirá jamás una máquina de movimiento perpetuo. Insisten en ello Kampourakis y McCain en el libro antes citado:

El problema es que a menudo se considera erróneamente que la incertidumbre sobre aspectos muy concretos de una cuestión indica que la ciencia no nos ha proporcionado pruebas suficientes para que sea racional aceptar las conclusiones de los científicos. La incertidumbre no significa que no podamos saber nada, que todas las opiniones sean igualmente válidas, que deban cuestionarse todas las pruebas científicas o que no puedan tomarse decisiones sociocientíficas importantes. Solo significa que la investigación científica es un proceso continuo y que tenemos que tomar las mejores decisiones posibles con las evidencias disponibles, a veces limitadas, aunque a menudo bastante sólidas. (2020, p. 41)

Si dejamos de lado hipótesis filosóficas de juguete, como el genio maligno engañador, los cerebros en una cubeta o la idea de que el mundo fue creado hace cinco minutos, pero tal como creemos que es (la infradeterminación fuerte de las teorías), no es difícil, de hecho, apuntar algunos conocimientos científicos de los que podemos estar tan seguros como puede estarlo la mente humana de algo acerca de la realidad. Pongo algunos ejemplos:

- Que la materia ordinaria está formada por átomos.
- Que las especies evolucionan.
- Que los grandes simios son los animales que comparten un ancestro común más cercano en el tiempo con los seres humanos.
- Que las reacciones químicas se basan en la formación o ruptura de enlaces atómicos.
- Que en un sistema aislado ningún proceso puede ocurrir si se asocia a una disminución de la entropía total del sistema.
- Que la energía se emite y absorbe en cantidades discretas.
- Que los continentes se mueven.
- Que algunos organismos tienen su ADN encerrado en una membrana nuclear.
- Que el ADN tiene una estructura de doble hélice.
- Que la secuencia de aminoácidos en una proteína se corresponde con la secuencia de nucleótidos en el ADN.
- Que en las mitocondrias se produce ATP.
- Que el electrón tiene carga eléctrica y momento magnético.

Peter Vickers (2023, pp. 13-19) menciona hasta 30 ejemplos de resultados científicos, algunos coincidentes con los de esta lista, que podrían considerarse, según su terminología, «a prueba de futuro», es decir, que son tan firmes que es muy poco probable que puedan ser descartados alguna vez como falsos. Y yo concuerdo con él en que la gran mayoría de los científicos estarían dispuestos a admitir que en el futuro ninguno de ellos se verá como una falsedad radical (otra cosa es que pudiera encontrarse alguna excepción concreta o alguna matización).

Es lógico que la mayor incertidumbre y los mayores desacuerdos se den en los temas en los que comienza la investigación, en los temas en los que los datos son todavía pocos y sus detalles son en buena medida desconocidos. No puede esperarse la misma seguridad en los problemas que están en un momento determinado en incipiente investigación que en las leyes o hipótesis que aparecen en un manual al uso en cualquier disciplina consolidada. Debería explicarse bien esto a los estudiantes universitarios o de enseñanza media cuando se les intenta transmitir una imagen adecuada del funcionamiento de la ciencia. Quizás se les insiste demasiado en la firmeza de los conocimientos, en las maravillas del supuesto «Método Científico», y no se les aclara que precisamente la parte más interesante y más motivadora de la ciencia está en esas zonas aún en construcción en las que hay de todo menos certezas. Reclamar seguridades y unanimidades ahí es malinterpretar el funcionamiento de la ciencia, y mucho más si se ven los desacuerdos o retractaciones como indicio de que detrás hay intereses oscuros e intentos de manipulación. En esos momentos en los que un asunto empieza a ser estudiado, sobre todo si los resultados pueden tener un gran impacto social, suelen ser los charlatanes los que hablan con total seguridad, los que dicen tener certezas y los que presentan remedios infalibles.

La ciencia, por otra parte, se ha visto en las últimas décadas inevitablemente inmersa en la polarización del debate político al enfrentarse a cuestiones que tienen una enorme repercusión pública, como el cambio climático, las energías alternativas, el desarrollo de las biotecnologías, los organismos transgénicos, el despliegue de la inteligencia artificial, las epidemias y emergencias sanitarias, la seguridad alimentaria, el control demográfico, etc. (Rekker, 2021). Estas son cuestiones propias de lo que Silvio Funtowicz y Jerome Ravetz (1993) llamaron hace años «ciencia posnormal», es decir, disciplinas o campos de investigación que, comparativamente con otros campos, presentan una incertidumbre profunda, una realidad ambigua y unos criterios confusos de calidad, todo ello unido a la necesidad de tomar decisiones urgentes y arriesgadas. Es en estos campos sobre todo donde se plantea la disputa y donde suelen aflorar los negacionismos y los sentimientos anticiencia, como veremos en el próximo capítulo.

Las decisiones que los políticos han de tomar a la hora de gestionar este tipo de asuntos o de legislar sobre ellos deben estar basadas en la mejor ciencia disponible. Creo que eso es claro para todos. El problema es que no siempre hay buena ciencia disponible, dada la novedad o la complejidad del tema, o cuando la hay no siempre tiene un dictamen inequívoco. A eso hay que añadir que, incluso en los casos donde ese dictamen existe, los políticos han de tomar en consideración intereses que no coinciden necesariamente con los de los científicos y esto hace que tomen decisiones distintas a las que daría un experto que se atuviera solo a razones científicas. Pero ese es el papel que debe desempeñar el político.

La gestión de una pandemia, por ejemplo, o la gobernanza de la salud pública en general constituyen una especie de híbrido en el que ciencia y política van unidas. En tales casos casi nunca una decisión será clara e indiscutiblemente la mejor de todas las posibles, ni la más científica, ni la más objetiva. El margen de indeterminación y de apuesta por el mal menor es grande en estos casos. Aun cuando hubiera unanimidad acerca de cuál sería la respuesta más científica, ni siquiera entonces tendría esta por qué prevalecer sobre otras, puesto que hay más cuestiones en juego, como el modo de vida de las personas, la preservación de los puestos de trabajo o la supervivencia de los negocios. Un asunto político donde los haya.

Digamos finalmente que, si bien en la ciencia que está en proceso de elaboración no cabe esperar demasiadas certidumbres, no deberíamos atender, sin embargo, a los que tratan de crear incertidumbre donde no la hay o de exagerar hasta la distorsión la que hay, como suelen hacer los negacionistas.

¿Podemos confiar en la ciencia? La objetividad y sus problemas

En los meses finales de la pandemia de COVID-19, el periodista y divulgador científico Matt Ridley publicaba en el *Wall Street Journal* un enjundioso artículo titulado «¿Qué es lo que la pandemia nos ha enseñado sobre la ciencia?», y en el subtítulo nos daba ya resumida su respuesta: «El método científico sigue siendo el mejor modo de resolver muchos problemas, pero los prejuicios, el exceso de confianza y la política pueden a veces extraviar a los científicos». En general, el artículo contenía datos y apreciaciones interesantes, pero dejaba la impresión en el lector de que lo que sucede a menudo es que factores perturbadores externos o intereses espurios hacen que la ciencia se desvíe del recto camino de la verdad, que es el que debería tomar si se la dejara transcurrir en condiciones ideales. Según esto, las disputas científicas de esos días acerca del origen y la propagación del coronavirus y acerca de las formas más adecuadas de tratar la pandemia habrían sido consecuencia de malas prácticas, de exceso de confianza en los modelos, de prejuicios de confirmación, de aceptación acrítica de las hipótesis favoritas, del descuido en la recolección y procesamiento de los datos, causado todo ello por estos factores personales, sociales o políticos, ajenos a la propia racionalidad científica.

Esta idea de que la ciencia se desvía de lo correcto y esperable racionalmente debido a la acción negativa de factores sociales o externos es una vieja tesis que se ha discutido durante décadas en la filosofía de la ciencia y que parecía ya periclitada. La ciencia no está hecha por robots, sino por seres humanos. No sabemos cómo sería una ciencia perfectamente racional, hecha por máquinas superinteligentes, como algunos nos anuncian, pero la que hacen los humanos, que ha tenido por cierto un éxito nada despreciable, es una ciencia basada en el modo en que funciona de hecho la razón humana, que no es el de la pura lógica ni el del pleno rigor demostrativo, y en el que las emociones y las cuestiones valorativas desempeñan un papel esencial. Lo que muchas personas siguen considerando como factores ajenos a la propia ciencia y perturbadores de su desarrollo son en realidad elementos que forman parte del modo en que la ciencia se hace, y lo son tanto como la lógica, la argumentación sobre ideas o la atención a la evidencia empírica.

La cuestión de cómo estos factores externos —muy en especial los valores asumidos por una comunidad científica o por los científicos individuales— influyen en la investigación y en qué sentido lo hacen se ha vuelto central para entender la ciencia actual (Longino, 1990 y 2002; Lacey, 1999; Rescher, 1999; Kitcher, 2001; Echeverría, 2002; Douglas, 2009; Oreskes, 2019; Elliot, 2022). El problema que más inquietud despierta, que es del que ahora nos ocuparemos, es si la objetividad científica es compatible con la influencia de estos factores o, por el contrario, se ve menoscabada por ella.

Entre las diversas disciplinas metacientíficas (sociología de la ciencia, historia de la ciencia y filosofía de la ciencia, sobre todo) ha quedado mostrado de forma fehaciente que la ciencia, como actividad y como producto, está impregnada de valores de diverso tipo. Esto parece especialmente claro en las ciencias sociales y quizás también en las ciencias biomédicas, pero no hay que excluir a las naturales. La determinación de cuál debe ser el caudal ecológico de un río, pongamos por caso, es una cuestión con un fuerte componente valorativo. El mero hecho de aceptar o rechazar una hipótesis científica en función de los hechos con los que se cuenta implica ya la asunción de ciertos valores, puesto que se trata de otorgar un mayor peso o relevancia a unos hechos frente a otros y en esa decisión se efectúa una inevitable valoración. Suele distinguirse a tal efecto, aunque no todos acepten la distinción (como Longino, 1996), entre valores epistémicos o cognitivos y valores no epistémicos o contextuales. Entre los primeros pueden mencionarse la verdad, la simplicidad, la exactitud, la fecundidad, el apoyo empírico, la coherencia, la capacidad predictiva, la capacidad unificadora, la capacidad explicativa, la contrastabilidad, etc.; y entre los segundos, la aplicabilidad tecnológica, la promoción de la salud pública, la satisfacción de necesidades humanas, la utilidad económica, el respeto por el medio ambiente y la biodiversidad, la justicia social, la igualdad social, la honestidad y el respeto en la investigación y publicación, la disponibilidad de los resultados, la replicabilidad, la belleza, etc.

La convicción de que la ciencia solo puede ser un conocimiento objetivo y aceptable por todos en la medida en que consigue dejar fuera la influencia de intereses concretos, de valores éticos, políticos, sociales, religiosos, económicos, etc., es lo que se conoce como el ideal de una ciencia *libre de valores.* Tiene un antecedente claro en el famoso *ethos,* o normas institucionales de la ciencia, propuesto por el sociólogo Robert K. Merton a principios de la década de 1940 (universalismo, comunalismo, desinterés y escepticismo organizado), pero comenzó en realidad a ser defendido de forma explícita por algunos autores solo después de la Segunda Guerra Mundial, justo cuando comenzaba también a surgir la tecnociencia. Si se acepta la división entre valores epistémicos y no epistémicos que acabamos de mencionar, este ideal debe interpretarse no como la ausencia total de valores en la ciencia, sino como la pretensión de que los valores epistémicos sean los que tengan un papel fundamental, si no exclusivo, en su desarrollo. La preocupación se reduce entonces a saber qué papel tienen realmente los valores no epistémicos y cómo evitar que estos destruyan la objetividad científica. O, por decirlo de una forma más precisa, la cuestión es si la presencia de valores no epistémicos en la actividad científica es un obstáculo insalvable para el logro de la objetividad en el conocimiento. El temor es que los valores no epistémicos puedan fomentar inevitablemente el pensamiento desiderativo, sesgar las decisiones y las justificaciones o priorizar los intereses particulares y acabar así con la objetividad.

Sin embargo, la noción de objetividad es compleja y tiene varios sentidos que pueden generar confusión. Heather Douglas (2004) distingue tres modalidades, cada una de ellas a su vez con sentidos distintos: (1) la objetividad (en sentido metafísico) concebida como la aprehensión o captación de los objetos reales en el mundo, (2) la objetividad como los procesos individuales de razonamiento que no están ligados a los intereses personales y valores, y (3) la objetividad como conjunto de procesos sociales en la organización de la ciencia que reducen los prejuicios individuales e idiosincrasias.

Aunque Douglas no cree que podamos reducir estos sentidos de objetividad a uno solo, para nuestros propósitos aquí bastará con entender la objetividad como un conocimiento en el que no ha habido distorsiones causadas por la subjetividad de los investigadores. Pero, dado que la subjetividad no es por completo evitable, podemos hablar más bien de las distorsiones causadas por los sesgos y prejuicios que pueden hacer perder la confianza en el conocimiento. La objetividad no implica necesariamente verdad; podemos ser objetivos en algo, pero estar equivocados en ese algo pese a todo. Además de señalar esto, Inkeri Koskinen subraya que «solo los errores recurrentes pueden contar como una amenaza para la objetividad, particularmente los que surgen de nuestros sesgos cognitivos típicos como seres humanos». Y añade: «la palabra "objetivo" está reservada para un tipo especial de confianza *(reliance)*: está basada en la creencia de que los riesgos epistémicos importantes debidos a nuestras imperfecciones como agentes epistémicos han sido efectivamente evitados» (Koskinen, 2020, p. 1196). Lo que importa, pues, para lograr esa confianza en la ciencia es que los científicos consigan evitar en la medida de lo posible los vicios que hacen perderla.

En la práctica no es tarea fácil trazar distinciones procedimentales muy nítidas en la producción de la ciencia, pero esta tiene niveles diversos y en todos ellos pueden intervenir estos valores no epistémicos. Parece claro, no obstante, que sus efectos sobre la objetividad científica no serán iguales en todos ellos (Elliot, 2022). Estos valores pueden influir al menos en los siguientes aspectos: (i) motivación y elección del tema de investigación, (ii) objetivos que se persiguen con la investigación, (iii) obtención de financiación, (iv) enfoque inicial del problema e hipótesis de trabajo, (v) elección de una determinada metodología, (vi) evaluación de riesgos, (vii) recopilación de evidencias y datos para la contrastación de las hipótesis, (viii) interpretación y valoración de los datos, (ix) aceptación de conclusiones y justificación de los resultados, (x) nivel elegido como estándar en la prueba, (xi) publicación de los resultados y (xii) aplicación de los resultados.

Es razonable esperar que los científicos elijan en función de sus gustos e intereses personales y profesionales los problemas sobre los que van a investigar (si es que tienen la suerte de poder hacerlo y la decisión no les viene impuesta por los líderes del equipo de investigación en el que trabajen o por la empresa que les pague). Cuanta más libertad haya en esa elección y más motivados estén con respecto a ese problema, trabajarán mejor y de forma más eficaz. Por otro lado, también parece lógico que las instituciones públicas de investigación, así como las empresas privadas, financien de forma diferente la investigación sobre aquellos temas que consideran prioritarios por alguna razón, ya sea porque promueven mejor ciertos fines sociales, ya sea porque son los temas que podrán generar una mayor rentabilidad y en los que más rápidamente se podrá recuperar el dinero invertido, etc. En el caso de la financiación pública cabe sostener que la agenda investigadora sea decidida de forma lo más transparente posible y más atenta a las necesidades de los ciudadanos, como ha defendido, entre otros, Philip Kitcher (2011), pero las prioridades vendrán necesariamente marcadas por fines no epistémicos, sin que ello afecte necesariamente a la objetividad científica.

Las cosas se complican un poco más en lo que respecta al enfoque teórico que se va a dar preferentemente al problema y la elección de metodología y evaluación de riesgos. No obstante, aquí sigue habiendo un amplio margen para que la elección no perjudique a la objetividad de la investigación. En la metodología, por ejemplo, los valores aceptados por un investigador pueden hacer que otorgue más importancia al riesgo inductivo de cometer algún error que tenga determinadas consecuencias para algunas personas, y eso le llevará a seleccionar unos procedimientos y unos estándares de prueba más exigentes que los que seleccionará otro investigador sin esa preocupación tan marcada.

En cuanto a la publicación de los resultados, las revistas están también en su derecho de aceptar o rechazar artículos en función de sus intereses. Obviamente, no deben caer en discriminaciones ilegales, ni deberían dejar de aceptar un artículo bien evaluado solo porque no coincidiera con la orientación ideológica o con los valores religiosos de los evaluadores o de los editores. Pero, aunque haya fallos indudables en algunos casos, las revistas suelen cumplir estos preceptos con bastante cuidado. Ahora bien, no puede reprocharse a una revista que no publique un artículo bien evaluado si los editores estiman que, pese a todo, no va a tener interés para los lectores o no aporta nada que los editores consideren significativo al estado de la cuestión y en esa decisión es difícil que no influyan presupuestos axiológicos de dichos editores, aunque lo deseable es que involucren solo valores epistémicos. Lo mismo vale decir para la decisión de aplicar o no los resultados teóricos logrados en una investigación. En este aspecto importará mucho cómo se haya hecho la evaluación de riesgos, y ahí los valores no epistémicos tienen un indudable papel. Por ejemplo, los científicos con convicciones morales animalistas se opondrán a aplicaciones que puedan suponer un daño a los animales, mientras que otras personas podrían pensar que esos daños podrían estar justificados si el beneficio para la humanidad es grande, o los que tengan convicciones ecologistas podrían ser mucho menos favorables a aplicaciones que puedan causar un daño al medio ambiente.

En cambio, el problema grave estaría en los sesgos que pudiera haber en los elementos que faltan, que son los centrales a la hora de asegurar la objetividad, porque, como dice Douglas (2016), son factores internos al razonamiento científico: la recopilación de evidencias y datos, la interpretación y valoración de los datos (lo que se considere una evidencia relevante, la cantidad de evidencia que se exija, la hipótesis que supuestamente apoya dicha evidencia, etc.) y la aceptación final de la hipótesis y justificación de los resultados. Y es difícil que si los valores no epistémicos han influido fuertemente en los otros niveles, no influyan también aquí. Si las motivaciones de los investigadores para elegir un tema han sido racistas o machistas, es probable que ese sesgo se traslade también a los juicios que se hagan sobre estos elementos centrales en la investigación. La influencia de los valores no epistémicos aquí sí que podría desviar gravemente a la ciencia de la búsqueda de la objetividad, puesto que estos valores podrían hacer, por ejemplo, que los datos fueran seleccionados de forma sesgada para apoyar una hipótesis, o que se tomara por evidencia en favor de una hipótesis lo que en realidad no lo es, o, al contrario, que no se tomara como evidencia lo que sí lo es (en esto consiste el riesgo inductivo), o que se bajara el estándar de justificación para que se considerara aceptable una conclusión que no está todo lo firmemente establecida que debería.

Douglas (2009, cap. 5) plantea que la influencia de los valores no epistémicos sobre el razonamiento científico podría ser aceptable solo si fuera indirecta, es decir, si afectara únicamente a lo que va a considerarse como evidencia *suficiente* para aceptar una hipótesis, al peso y la importancia que se va a dar a la incertidumbre, lo que, según las circunstancias, podría ayudar a los científicos a tomar mejores decisiones, elevando las exigencias si algunos de estos valores pudiera verse menoscabado por los resultados de una investigación. Es algo que hacemos constantemente en la vida diaria: aumentamos el rigor de las pruebas si prevemos que el asunto sobre el que tenemos que tomar una decisión puede tener consecuencias graves sobre otras personas. En la ciencia esto es igualmente habitual y permisible. Los controles para establecer la seguridad de un medicamento son mucho más rigurosos que para un cosmético. En cambio, se considera inaceptable una influencia directa de estos valores en la aceptación de la hipótesis. En tal caso se estarían convirtiendo en una razón entre las otras por las que se acepta la hipótesis, motivando directamente e incluso siendo un factor determinante de dicha aceptación.

No conviene olvidar, además, que las actitudes epistémicas de los científicos no se reducen a aceptar o rechazar plenamente las teorías o las hipótesis que van surgiendo. Cabe también defenderlas provisionalmente, como vimos, ya sea porque se crea que puedan ser fructíferas o por su valor instrumental o porque necesiten de un desarrollo mayor para entender bien todas sus potencialidades y poder contrastarlas con más firmeza. Ante estas actitudes epistémicas, los valores no epistémicos pueden tener un papel significativo que no ponga en riesgo la objetividad científica. Lo que importa para salvaguardar esa objetividad no es el origen o el sesgo que pueda tener una hipótesis inicial, lo que importa es que sea contrastada con rigor por medio de la crítica y de la evidencia empírica.

No hay un remedio fácil, como podrá comprenderse, para evitar que los valores no epistémicos afecten de forma negativa a la objetividad de la investigación. Como dicen Reiss y Sprenger (2020), pretender tener una solución a este problema es tanto como pretender que se haya solucionado el problema de la inducción. No obstante, sí que se han propuesto algunas medidas que pueden ayudar a paliar los efectos del problema. En particular, se ha insistido (Longino, 2002; Douglas, 2009) en la importancia de que los valores asumidos en la investigación se hagan explícitos en la medida de lo posible para que puedan ser sometidos a escrutinio público en un debate libre. Esta confrontación crítica permitiría ver las debilidades de las que puede adolecer una investigación por haber dejado demasiado peso a la influencia directa de ciertos valores externos. Por otro lado, cabe esperar también que esta explicitación de los valores permita dilucidar en qué medida los resultados están condicionados a ellos.

En todo caso, sería una exageración injustificada concluir que, puesto que los valores no epistémicos tienen un papel ineliminable en la investigación científica, la ciencia no es más que el producto de los valores dominantes entre las élites de poder en la comunidad científica o de determinados grupos económicos e ideológicos que la financian. Es triste que, según las encuestas, muchas personas, aunque sean una minoría, tiendan a verla así, al menos en determinados temas particularmente conflictivos. Como diremos en el próximo capítulo, en Estados Unidos una buena parte de los votantes conservadores consideran que los climatólogos no son objetivos, sino que tratan de imponer una agenda política a la sociedad. Hay quien piensa que la ciencia nunca ha logrado la objetividad que dice pretender y que los valores políticos, culturales o de género la han lastrado en el pasado y la siguen lastrando. Los más radicales creen que lo que hemos tenido hasta ahora ha sido una forma intrínsecamente dominadora y opresora de racionalidad. Hemos tenido una ciencia capitalista, una ciencia colonialista, una ciencia machista, una ciencia neoliberal, una ciencia racista, y, por tanto, va siendo hora de desechar esa ciencia y hacer otra completamente distinta que esté basada en los valores contrarios. Una visión así no se sostiene en absoluto, como ya argumentó Habermas (1984) hace tiempo en su réplica a Marcuse, y sería tanto como tirar el bebé con el agua del baño.

Los científicos pueden tener muchos sesgos de este tipo, eso nadie lo duda, y es claro también que ha habido teorías científicas con implicaciones racistas, machistas, colonialistas, etc., pero esas ideas fueron quedando abandonadas y, si perduran en la ciencia actual, serán sin duda sometidas a crítica, como todas las demás, y esas implicaciones serán cercenadas. David Hull puso el dedo en la llaga al insistir en que la ciencia «no requiere que los científicos carezcan de prejuicios, sino solo que diferentes científicos tengan diferentes prejuicios» (Hull, 1988, p. 22). La objetividad no es una cuestión individual, sino colectiva. Los sesgos pueden en principio ser detectados y corregidos con ayuda de esa pluralidad de voces y valores que deben intervenir en el debate. Así lo ha hecho con bastante éxito por cierto la epistemología feminista en áreas como la antropología o la historia. Los sesgos han existido y seguirán existiendo, pero la crítica abierta de los mismos desde diferentes perspectivas puede hacer que la ciencia se vaya desprendiendo de ellos al ser detectados. ¿Quién se opondría a hacer una ciencia más ética, más justa, más transparente y más igualitaria tomando en consideración estas críticas? Como dice Naomi Oreskes (2019, p, 145), «lo que importa es que el grupo [de científicos] como un todo incluya suficiente diversidad y mantenga los canales suficientes de discusión abierta para que las nuevas evidencias y las nuevas ideas tengan una oportunidad justa de llegar a una audiencia imparcial».

Entre los factores que más han contribuido recientemente a poner en cuestión la objetividad de la ciencia, y entre cuyas causas están sin duda las influencias indeseables de los valores no epistémicos en la investigación, hay que destacar la crisis de replicabilidad y la preocupante constatación de la extensión de las prácticas científicas cuestionables e incluso fraudulentas (Pérez y Sevilla, 2022).

La replicabilidad de una investigación es el hecho de que esta pueda ser reproducida en sus métodos y resultados por cualquiera con los conocimientos adecuados. Se trata de una exigencia central en la ciencia, aunque el concepto no es tan claro como puede parecer (Goodman *et al.*, 2016; Machery, 2020). Algunos la consideran incluso una característica definitoria de la propia ciencia. Si una investigación no es replicable, no es ciencia, o al menos no es buena ciencia. Al fin y al cabo, una de las formas más claras para comprobar la objetividad de unos resultados científicos es poder replicarlos de forma independiente por varios equipos. A su vez, la ciencia tiene como uno de sus pilares institucionales básicos la actuación honesta y seria de los científicos cuando hacen ciencia. Se da por sentado que no tratan de engañar o confundir a los demás ni ponen el dinero o los intereses profesionales por encima del cumplimiento de una vocación que consiste en desarrollar investigación científica rigurosa que proporcione información correcta a la sociedad. Y si lo hicieran, hay mecanismos, como la revisión por pares, que permiten cribar aquello que no alcance los niveles necesarios de calidad. ¿Hay motivos para decir que se está viniendo abajo todo este entramado?

Se oye cada vez más la queja de que la presión que existe en las universidades y centros de investigación por publicar impide dedicar suficiente tiempo a la reflexión tranquila acerca de la propia investigación. Esta presión ha propiciado que se publiquen con mucha más frecuencia de la que cabría desear resultados precipitados, irrelevantes, repetidos, irreproducibles, erróneos, e incluso plagiados o expresamente falsificados. Como manifestación perversa de esta tendencia, han surgido, sobre todo en Asia, miles de revistas depredadoras que por una modesta cantidad de dinero publican cualquier cosa sin una revisión decente, incluso sin revisión alguna. La voz de alarma ha sido dada hace tiempo, pero parece difícil controlar la situación. Joelle Renstrom (2022), en términos que podríamos calificar de suaves, la describe así:

> Las instituciones incentivan a los científicos que buscan una plaza permanente para que se centren en la cantidad en lugar de la calidad de las publicaciones y exageren los resultados de los estudios más allá de los límites del análisis riguroso. Las propias revistas científicas pueden aumentar sus ingresos al ser más leídas. Por lo tanto, algunas revistas pueden aprovechar originales con títulos jugosos que atraerán a los lectores. Al mismo tiempo, mu-

chos artículos científicos contienen más jerga que nunca, lo que fomenta la mala interpretación, el giro político y una disminución de la confianza pública en el proceso científico. Abordar la desinformación científica requiere cambios de arriba abajo para promover la precisión y la accesibilidad, comenzando con los científicos y el proceso de publicación científica en sí.

La situación, en efecto, ha comenzado a preocupar a la comunidad científica y a los gestores políticos de la ciencia. El aumento de artículos retractados en revistas de prestigio en los últimos años ha sido constante. Se ha dicho que durante la última década cada año se han retractado de 500 a 600 artículos (Harris, 2017, p. 181). La base de datos *The Retraction Watch* incluía en 2018, en el momento de su puesta a disposición del público para búsquedas, más de 18 000 artículos y ahora tiene unos 30 000, aunque la tasa de crecimiento de estas retractaciones ha descendido desde 2012 y el número de científicos implicados es comparativamente escaso. Un 40 % de las retractaciones no se debe a conductas reprobables o a fraude, sino a simples errores. Además, una parte importante de las retractaciones recogidas en esa base de datos tienen un mismo origen: el Institute of Electrical and Electronics Engineers (IEEE) de Nueva York, que había retractado más de 7300 resúmenes de ponencias en congresos de autores chinos en su mayoría. Los países con mayor número de retractaciones en términos absolutos son Estados Unidos y China, pero los que tienen un porcentaje mayor de retractaciones por artículo publicado son Irán, Rumanía, Singapur e India (Brainard y You, 2018). A nadie se le escapa el daño irreparable que han causado algunos de estos artículos retractados por haber cometido algún tipo de fraude. El caso más famoso quizá sea el artículo de Andrew J. Wakefield y su equipo, publicado en *The Lancet* en 1998 y retractado en 2010, en el que erróneamente se establecía una conexión entre la vacuna triple vírica y el autismo. El movimiento antivacunas sigue aprovechándose de este error.

Una dificultad a la hora de fomentar la conducta honesta en la ciencia es que hay una amplia zona borrosa entre la práctica cuestionable, es decir, la conducta inapropiada pero no demasiado dañina (como incluir a un autor que no ha trabajado en esa investigación pero sí en otras, no mencionar un posible conflicto de intereses, ocultar algún dato desfavorable aislado suponiendo que era erróneo, seleccionar datos que indiquen una correlación, publicar de nuevo un contenido sin avisar una investigación ya publicada, etc.) y el fraude científico en sentido estricto (fabricación de datos, falsificación de datos y plagio, abreviadas las tres cosas con las siglas FFP). Hay estimaciones de que un 14 % de lo publicado en ciencias biomédicas contiene datos falsificados (Parker *et al.*, 2022). Por si fuera poco, un metaanálisis de varias encuestas dio como resultado que casi el 2 % de los científicos admitían haber falsificado datos al menos una vez y un tercio admitía haber realizado «prácticas de investigación cuestionables» (Fanelli, 2009).

Por otro lado, si bien esto es difícil de establecer con precisión, el porcentaje de experimentos publicados que resultan ser luego irreproducibles es preocupantemente alto, sobre todo en psicología y en ciencias biomédicas (Flier, 2017). El *Reproducibility Project* de la *Open Science Collaboration* intentó en 2015 replicar un centenar de artículos científicos y solo lo consiguió con el 36 % (Gordin, 2021, p. 88). Según una encuesta realizada por *Nature* entre 1 500 científicos, más del 70 % de ellos han intentado sin éxito reproducir los experimentos de otros científicos y más de la mitad no han podido reproducir sus propios experimentos (Baker, 2016). Es obvio que sería imposible tratar de replicar todos los experimentos que se publican. Eso no significa que sean malos, sino simplemente que no han despertado el suficiente interés. Es lo que sucede con la inmensa mayoría de ellos. Lo preocupante es que el porcentaje de irreplicabilidad encontrado en estos estudios realizados expresamente para tal fin pueda ser extrapolable a todos ellos. Esto no lo sabremos con seguridad hasta que no se estudie una muestra lo suficientemente representativa, pero esto parece inviable dada la enorme cantidad de artículos que se publican.

Entre las formas de fraude más impactantes están las *factorías de artículos (paper mills)*, radicadas en su inmensa mayoría en China y, sobre todo, en hospitales chinos. En ese país los estudiantes de medicina necesitan publicar para graduarse y la publicación de artículos implica, además, una recompensa económica para los investigadores. Las *paper mills* son «organizaciones con fines de lucro que se dedican a la producción y venta a gran escala de artículos para investigadores, académicos y estudiantes que desean o deben publicar en revistas revisadas por pares, tanto nacionales como internacionales» (Candal-Pedreira *et al.*, 2022). Los artículos que elaboran inventan con frecuencia los datos. A veces, sin embargo, el artículo es correcto y es aceptado en alguna revista de impacto. Lo que hacen entonces es poner a la venta por miles de euros la inclusión como uno de los autores. Esta práctica de la venta de autorías parece también extendida en Rusia y países de Europa del Este (Else, 2023). De 2004 a 2022 en *Retractation Watch* se recogen 1 182 artículos retractados por proceder de una de estas factorías de artículos. El número de los publicados debe ser bastante mayor.

Finalmente, aunque de ningún modo esto pueda considerarse como un fraude y ni siquiera como una conducta cuestionable, durante la pandemia una de las cosas que contribuyó a generar desconfianza fue el recurso excesivo a los archivos *preprint* publicados en repositorios en línea. La idea de estos repositorios en sí misma no es mala, puesto que permite a los investigadores poner sus ideas a disposición de los demás antes de que se publiquen en una revista, un proceso que puede durar desde varios meses a más de un año. Publicar en estas plataformas dinamiza, pues, la investigación y permite recibir comentarios, críticas y correcciones por parte de los colegas de forma rápida, lo que ayuda a mejorar la versión final del artículo, o, en caso de que las críticas sean muy fuertes debido a errores graves, a convencer a los autores de no publicarlo. De hecho, solo una parte de esos artículos terminan apareciendo en revistas. Se trata tanto de un adelanto de información como de una criba previa a la publicación, y ambas cosas son positivas siempre que se tenga en cuenta que la información que se proporciona no ha pasado por las pruebas habituales exigidas.

Sin embargo, la urgencia por ofrecer respuestas hizo que durante la pandemia se publicaran numerosos artículos en estos repositorios e incluso en las páginas web de revistas académicas de primer nivel sin que hubieran pasado por la preceptiva revisión por pares, algunos de los cuales quedaban desmentidos a los pocos días, después de haber sido difundidos en las redes sociales y en la prensa. Esto causó bastante confusión y perjudicó en ese momento a la credibilidad de esas investigaciones. Dio pie a que muchas personas pensaran que la ciencia andaba a tientas en este asunto, o, peor aún, que intentaba desacreditar algunos hallazgos porque chocaban con los intereses de las grandes empresas farmacéuticas. Aunque también hay que decir, por no poner toda la carga en el debe, que vimos cómo la cooperación internacional entre científicos se afianzaba y cómo la eficacia en la investigación aumentaba, hasta el punto de que tuvimos vacunas mucho antes de los esperado. La publicación de *preprints* en repositorios ha venido para quedarse y cumple una función útil para la ciencia; el reto está en evitar un mal uso de ella y en concienciar a los usuarios, sobre todo si van a difundir una noticia en la prensa o en las redes sociales, de que no se trata de publicaciones científicas con todas las garantías y que los resultados no se pueden dar por definitivos hasta que aparecen publicados en un número de una revista científica.

No sería razonable esperar que la ciencia pudiera resolver por completo y a corto plazo problemas tan complejos como estos que señalamos. La crisis de replicabilidad preocupa de forma especial, pero tampoco debe exagerarse su impacto. Menos de un tercio de los científicos creen que los experimentos no replicables son falsos. Hay que insistir igualmente en que la conducta fraudulenta es minoritaria en la ciencia. Cosa distinta es la conducta cuestionable o reprobable, pero esta es menos preocupante en lo que a la credibilidad de la ciencia se refiere. La cifra de artículos retractados debe ser vista en perspectiva. Solo en ciencias biomédicas hay más de 5 000 revistas que publican en torno a un millón de artículos al año y gracias a internet tenemos mejores herramientas para detectar el fraude (Flier, 2017).

Se están tomando ya algunas medidas para paliar los efectos de estos vicios, por ejemplo, la coordinación y centralización de la información sobre artículos retractados, especificando las causas de la retractación, la elaboración de directrices para que los editores puedan detectar artículos procedentes de factorías de artículos, el listado público de revistas depredadoras, la creación de plataformas o comités de vigilancia y de observatorios oficiales de la conducta ética en la ciencia, como el *Reproducibility Project* en la investigación sobre el cáncer, la replicación de los experimentos en los mismos laboratorios antes de la publicación, el prerregistro de las investigaciones, la mejora en los diseños experimentales y en el uso de las estadísticas, la publicación detallada de la metodología y de los datos para facilitar la replicación por parte de otros laboratorios, la implementación de castigos más duros contra el fraude, la celebración de congresos que ayuden a crear mayor conciencia del problema, la promoción de la educación en ética de la ciencia, etc. Aunque la efectividad real de estas medidas está por verse, cada vez más científicos son conscientes de que las soluciones han de pasar por afrontar una de las principales causas de problemas. Si la presión por publicar para obtener una plaza fija o para conseguir financiación se ha hecho tan fuerte que genera todas estas distorsiones, quizás debamos tomarnos en serio la búsqueda de nuevas formas de evaluación curricular que lleven a una revisión sustancial del sistema de recompensas para los investigadores (Ioannidis, 2014).

3. Pese a todo, el irracionalismo tiene adeptos

Muchas veces se considera al científico «oficial» como el portador de poderosos e inconfesables intereses en tanto que representante del poder, mientras que el charlatán de turno asume el papel del heroico combatiente contra el *establishment*. [...] La escasa confianza en la ciencia y en los científicos, o simplemente la confusión que produce el exceso de información y la aparición de seudocientíficos y publicaciones solo aparentemente científicas, son fenómenos recientes y extremadamente peligrosos para nuestra sociedad y para nuestra democracia.

G. Pacchini, *La ciencia en la encrucijada*

En términos de dinero y de gasto, del número de hombres y mujeres implicados en mayor o menor grado, en términos de la literatura generada y de las ramificaciones institucionales, nuestro clima psicológico y social es el más infectado por la superstición y el irracionalismo de todo tipo desde el declinar de la Edad Media y, quizás, incluso desde la crisis del mundo helenístico.

G. Steiner, *Nostalgia del absoluto*

Negacionismo, anticiencia y pseudociencia

La rápida obtención (en apenas un año) de vacunas con un alto grado de efectividad frente al SARS-COV-2 fue saludada como uno de los grandes logros de la ciencia en las últimas décadas, algo que será recordado como un hito histórico en la lucha contra las enfermedades infecciosas. Sin embargo, vimos también que un sector muy significativo de la población (que aproximadamente rondaba un 50 % en España, según una encuesta del CIS publicada en diciembre de 2020) se mostraba en un primer momento reacio a la vacunación, al menos hasta que no hubiera más pruebas de su seguridad y efectividad, y, lo que es mucho menos comprensible, que existía también un número relevante de personas (un 8,4 % según la encuesta) que afirmaban que no se vacunarían en ningún caso. En atención a lo que se difundía por las redes sociales, parecía incluso que el peso de los movimientos antivacunas era enorme y que esta pandemia no había hecho sino aumentarlo.

Las posiciones contrarias a la vacunación no son nuevas. Son tan antiguas como la vacunación misma, como ocurrió con la oposición a la vacuna contra la viruela a principios del siglo XIX. No obstante, el movimiento antivacunas actual empezó a cobrar fuerza a raíz de la publicación en 1998 en *The Lancet* de un artículo que establecía una supuesta correlación entre la vacunación infantil y el autismo. Años después fue retractado debido a sus errores, alteraciones de historiales y deficiencias éticas, pero el daño estaba hecho. En nuestros días, estas posiciones se encuadran dentro del fenómeno más general de la anticiencia (no confundir con las pseudociencias, aunque haya parecidos de familia), que también viene de más atrás e incluye no solo a los antivacunas, sino a una amplia variedad de opositores declarados a lo que pueda sonar a consenso científico, como los negacionistas de la pandemia, los negacionistas del cambio climático, los terraplanistas, los defensores del diseño inteligente, etc.

El historiador Felipe Fernández-Armesto relata el modo en que se fue fraguando esta situación:

Conforme avanzaba el siglo xx, cada vez más gente de la calle e incluso intelectuales no científicos empezaron a perder la confianza en la ciencia. La fe en que podía solucionar los problemas del mundo y descodificar los secretos del cosmos se evaporó. En parte esto fue culpa de los fracasos prácticos de la ciencia: cada avance tecnológico desencadenaba sus propios problemas y generaba efectos secundarios. Parecía que lo que a la ciencia se le daba mejor era construir horrores y máquinas de destrucción. Sin embargo, lo que el proceso supuso, al menos en parte, fue la desintegración de la intelectualidad, conforme la incertidumbre corroía los «hechos puros y duros» con los que se había asociado a la ciencia desde entonces. [...]

Durante las tres o cuatro décadas que siguieron a este esplendor [en el gasto en ciencia durante la década de 1960], el posmodernismo modificó los hábitos intelectuales. [...] En epistemología, mostró un escepticismo total respecto a la validez de los conceptos de realidad y verdad. [...]

La ciencia —a juicio de la mayoría— había crecido por encima de sus posibilidades y había acabado fracasando. Buscaba asaltar los cielos y acabó ensuciando la tierra. Entre sus inventos más influyentes hay grandes avances para el bienestar humano, pero también bombas y contaminantes. En vez de suponer un beneficio universal para la humanidad, la ciencia se había convertido en el síntoma o la causa del dominio desproporcionado de occidente sobre el resto del mundo. (Fernández-Armesto, 2016, pp. 274-277)

En un sentido parecido, aunque en un tono más alarmante, se expresaba a finales del siglo pasado el historiador de la ciencia Gerald Holton en su libro *Ciencia y anticiencia*:

La prudencia aconseja considerar los sectores comprometidos y con ambiciones políticas del fenómeno de la anticiencia como un recordatorio de la bestia que dormita en el subsuelo de nuestra civilización. Cuando despierte, como lo ha hecho una y otra vez durante los siglos pasados y como sin duda volverá a hacerlo algún día, nos hará saber cuál es su verdadero poder. (Holton, 2002, p. 205)

Hay tres términos que han resultado particularmente socorridos en los debates recientes acerca de las actitudes críticas con la ciencia y sobre los que, sin embargo, sigue habiendo una gran imprecisión o incorrección en su uso: negacionismo, anticiencia y pseudociencia. Son tres conceptos muy relacionados y, de hecho, tienden a solaparse en ocasiones, de ahí que las actitudes de algunas personas puedan ser encajadas en más de uno de ellos. Es importante conocer bien su significado para evitar un uso abusivo de alguno y soslayar críticas desenfocadas.

En el ámbito académico el término «negacionismo» lleva tiempo cristalizando (Sinatra y Hofer, 2021). No es tan amplio como para incluir toda crítica a los resultados científicos, puesto que esto convertiría absurdamente en un negacionista a cualquier científico que cuestionara con buena base argumental o fáctica una hipótesis ampliamente aceptada, pero tampoco es ya tan estrecho como para referirse solo a los que rechazan la evidencia histórica sobre el Holocausto (aunque ese fuera el origen del término). Los negacionismos más extendidos hoy se refieren al cambio climático, a la existencia del virus del sida o del virus SARS-COV-2, y a la efectividad de las vacunas en general.

Es frecuente que el negacionista niegue que lo es. También en eso es negacionista. Solo los que niegan el Holocausto —se oye decir— son negacionistas. Ellos se consideran defensores de la libertad de opinión, del derecho a discrepar, de las libertades civiles, del sano escepticismo y hasta de los derechos humanos. Afirman oponerse solo a las supuestas verdades oficiales que intentan imponer los gobernantes y los científicos a sueldo, que no son sino mentiras para servir a sus intereses. El negacionista tiende a verse a sí mismo como un defensor de la ciencia auténtica, como un Galileo frente al tribunal del Santo Oficio, que constituimos todos los demás. Formarían así una minoría resistente, despierta, rigurosa y crítica, alejada del dogmatismo y del irracionalismo de la masa, en lucha por una verdad que otros han preferido traicionar. Sin embargo, lo que hacen más bien es declarar un rechazo dogmático, poco informado, poco razonado y con frecuencia motivado por emociones o ideologías, de tesis científicas bien asentadas, y, cuando se indaga más a fondo, resultan ser en muchos casos personas particularmente vulnerables ante las amenazas que perciben en el éxito creciente de unas ideas y de una tecnología que no dominan, pero que se han convertido en el eje central de la cultura, de la política y de la economía.

Una de las mejores caracterizaciones que se han dado por ahora del negacionismo está en un breve artículo de 2009 de Pascal Diethelm, un economista especializado en salud, y Martin McKee, un médico que enseña sobre salud pública. Según ellos, el negacionismo consistiría en un rechazo del consenso científico con argumentos ajenos a la propia ciencia, o sin argumento alguno, generando la impresión de que hay debate donde realmente no lo hay, y estaría ligado a cinco rasgos: (i) el recurso a ideas conspiracionistas, (ii) el recurso a falsos expertos y el desprecio por los expertos reales, (iii) la selección a conveniencia de los datos y análisis, (iv) la formación de expectativas imposibles sobre lo que la ciencia puede realmente proporcionar y (v) el uso de falacias lógicas.

Obsérvese que, según esta definición, no sería adecuado llamar negacionistas a esos científicos que, por razones científicas (aunque sean discutibles para la mayoría de sus colegas), se niegan a aceptar el consenso en algún tema candente, como el del cambio climático, o a los que simplemente niegan la plausibilidad de los escenarios más catastrofistas que a veces se dibujan. Ya vimos en un capítulo anterior que el disenso razonado es saludable dentro de la ciencia. Un crítico del colapsismo que esté dispuesto a debatir con amplitud de datos y con argumentos científicos, pongamos por caso, no sería *eo ipso* un negacionista.

La actitud negacionista suele estar clara, entre otras razones porque con frecuencia el negacionista no discute sobre matices o sobre la mejor evidencia disponible, sino que se basa en datos dudosos o muy seleccionados a su favor, y cuestiona a la ciencia en varios temas, simultáneamente. Algunas formas de negacionismo están, de hecho, asociadas a otras posiciones anticientíficas o pseudocientíficas. Por ejemplo, el negacionismo del cambio climático está correlacionado con el rechazo a la teoría de la evolución (Ecklund, 2017).

Los negacionistas del cambio climático constituyen un grupo de particular interés. Tienden a pensar que ellos tienen más y mejor información que la mayoría sobre el clima terrestre; que conocen detalles para los que los demás parecen estar voluntariamente ciegos; que han estado atentos a las opiniones de los científicos disidentes (cuyo peso, según ellos, debe ser estimado en mucho más que el de las opiniones del resto de la comunidad científica, porque, al fin y al cabo, los intereses prevalecientes dentro de dicha comunidad son siempre cuestionables, a diferencia de los intereses de los disidentes, que parecen no ver). Creen que aquellos incautos que confían en lo expresado por los científicos y expertos del IPCC ya han desistido por anticipado de encontrar la verdad; esa verdad que no nos quieren decir porque hay muchos viviendo de las mentiras.

Ellos consideran un deber intelectual poner en cuestión ese «extraño» consenso y atender, en cambio, a las escasas, pero muy notorias, voces discordantes. Piensan que el dogmatismo estaría aquí, como siempre, del lado de la ortodoxia y de la opinión mayoritaria, aunque esta sea la de la práctica totalidad de los expertos. Incluso en ciertos ámbitos académicos parece ser de cierto buen tono poner en cuestión esa ortodoxia —solo levemente, eso sí—, bajo la acusación de que en ella se está mezclando la política con la ciencia, como si esto nunca antes hubiera ocurrido. Esta es una de las razones por las que las campañas de «desmitificación» emprendidas por los expertos son tan poco efectivas. No solo no convencen a casi nadie, sino que tienden a reforzar las opiniones de los negacionistas. La comunidad de los negacionistas está fuertemente aislada de los que aceptan el consenso básico en la ciencia, y en las ocasiones en que acceden a los argumentos críticos de estos, los interpretan más como ataques ideológicamente sesgados que como piezas de argumentación basadas en la evidencia empírica. El resultado es que los negacionistas que se ven confrontados con argumentos «desmitificadores» se encierran con más ahínco en sus posiciones y ven en el mero empeño de la crítica la prueba de que algo oscuro hay en todo el asunto y que, por eso mismo, la razón tiene que estar de su parte (Zollo *et al.*, 2017).

Hay un libro que, en mi opinión, adopta la actitud correcta frente al negacionismo del cambio climático y cuyo mensaje quizás podría ser útil frente a otros negacionismos. Me refiero al libro de Philip Kitcher y Evelyn Fox Keller titulado *Y vimos cambiar las estaciones* (2019). La clave está en la estrategia argumentativa empleada. El libro está escrito en forma de seis diálogos, al modo socrático, entre dos personajes en diversas situaciones y con diversas personalidades, pero siempre con los mismos nombres: Jo, una mujer con conocimientos científicos y buena información sobre el cambio climático, y Joe, un hombre escéptico ante todo lo que viene diciéndose al respecto en los últimos años por parte de la comunidad científica y de los medios de comunicación. Para que el debate fluya, hay que conceder ciertas cosas al negacionista. Al fin y al cabo, el tema es complejo y despierta preocupaciones razonables en muchas personas. Hay que admitir con él, con Joe, que muchas consecuencias del cambio climático son aún impredecibles, y que, en el pasado, a lo largo de la historia geológica de nuestro planeta, incluso en épocas en las que nuestra especie ya andaba sobre su superficie, se han dado cambios climáticos tan fuertes como el que ahora se inicia, e incluso mayores. Hay que aceptar que no es posible realizar por el momento estimaciones precisas sobre los efectos locales de un aumento global de las temperaturas; que no es posible saber con exactitud los costes de una reconversión energética que consiga eliminar la dependencia de los combustibles fósiles, ni cómo afectará esa reconversión a la economía de cada país, incluyendo su mercado de trabajo. Tampoco podemos saber qué tecnologías tendremos en el futuro y si estas podrán resolver o reparar en gran medida los efectos nocivos de la acción humana sobre el clima y sobre la naturaleza en general, ni cómo reaccionarán los ciudadanos ante medidas drásticas si la situación empeora gravemente. Estas incertidumbres están ahí y hay que reconocerlas.

Pero en el diálogo, Joe el escéptico —un personaje siempre más racional y menos pasional que la media de los negacionistas, porque los autores han querido presentarlo expresamente como alguien tan lúcido y bienintencionado como Jo— va recibiendo también una buena dosis de argumentos y de datos que intentan erosionar su resistencia inicial, y a los que el lector informado podrá ver como una detallada confirmación de que el cambio climático es el problema más importante y decisivo al que se enfrenta la humanidad, y que hemos de tomar sin demora medidas efectivas si queremos evitar en parte los daños que amenazan como nunca antes nuestro futuro. Estas medidas requerirán la colaboración de todos los países, ricos y pobres, debiendo recaer el peso económico en los primeros. Habrían de surgir, además, de un debate y negociación democráticos y transparentes; y sería bueno que se ensayasen experimentalmente, diversificando su puesta en práctica, de modo que pudiera aprenderse rápidamente de los errores de otros. Esto requiere un cambio radical de política: requiere poner los cimientos de una democracia global basada en la cooperación genuina que transforme el capitalismo vigente.

Una de las enseñanzas del libro es la tremenda amenaza que representan los efectos episódicos del cambio climático. No es que los efectos constantes no resulten suficientemente atemorizadores, pero mientras que estos centran la atención y, pese a su gravedad, suelen considerarse como más o menos manejables, aunque sea con medidas muy costosas, los episodios extremos, como las olas de calor mortales, las inundaciones devastadoras por lluvias torrenciales o las grandes sequías, tienden a quedar en segundo plano, aun cuando generarán con toda probabilidad una gran desestabilización política, económica y social. Un incremento de dos grados en la temperatura media en ciertas zonas, por muy soportable que pueda parecer en muchos lugares del mundo, implica un aumento muy notable de la aparición de esos episodios extremos.

En el diálogo, el tema consigue encarnarse en situaciones concretas de daños previsibles para las generaciones futuras, cuyos intereses son también objeto de discusión. Esto contribuye a que la ideologización extrema dé paso al análisis de escenarios posibles y a la estimación de su probabilidad, en función de la cual debe decidirse si deben o no asumirse grandes costes en la acción, asuntos todos ellos extremadamente complejos y delicados. Y precisamente por eso, lo que algunos han visto como un defecto del libro —que suponga de forma quijotesca que el debate racional puede tener alguna efectividad en un asunto como este, que no está precisamente dominado por los argumentos—, a mí me parece, sin embargo, que es una de sus virtudes principales. Como sostienen los autores,

en la mayor parte de los casos, incluyendo aquellos en que hemos de tomar decisiones importantes, no disponemos de estadísticas fiables. En tales ocasiones, una cuidadosa reflexión cualitativa es lo mejor que podemos hacer. La *reflexión* desempeña aquí un papel importante. Es importante preguntar si los resultados imaginados —las situaciones hipotéticas *(scenarios)*— merecen ser tomados en serio o son ridículos. La gente ha de formarse juicios acerca de lo que podría ocurrir y de lo que podría significar, y los buenos juicios implican considerar las cosas desde tantos ángulos como se pueda.

Por ello, lo primero que los autores aconsejan es fomentar el debate público sobre el cambio climático en todos los foros en que sea posible, incluyendo templos, cafeterías y universidades. Cabe la posibilidad de que todos nuestros intentos por hacernos con el control de la situación fracasen, pero hemos de intentar debatir las medidas a tomar y las posibilidades de llevarlas a cabo. «Nuestro fin —escriben— no es *concluir* la conversación, sino *comenzarla*. Lo importante para nosotros es motivarle a *usted* para conversar». Obviamente, ellos son conscientes de que hay muchos libros previos sobre el tema y de que la conversación hace tiempo que empezó; otra cosa es que lo haya hecho por los cauces más adecuados.

Creo, en suma, que este libro acierta en el tono y en las orientaciones acerca del modo en que debe afrontarse el negacionismo. Si algo puede hacer la filosofía en este debate es introducir un poco de reflexión y de racionalidad. Una racionalidad que aconseja inicialmente algo tan simple como escuchar de forma desprejuiciada a los expertos y valorar con objetividad el peso de la evidencia que nos presentan, dejando a un lado la argumentación *ad hominem* que solo se interesa por la ideología política de quien presenta la evidencia.

Pasemos ahora a la *anticiencia*. También en ella encontramos la impugnación de hipótesis científicas o de hechos bien establecidos por la ciencia, pero su actitud tiene un carácter más general. No se limita a negar un aspecto concreto o una explicación específica de ciertos mecanismos naturales, sino que rechaza una teoría completa o incluso avances científicos fundamentales. Dos ejemplos muy claros serían el terraplanismo y el repudio de la teoría de la evolución por parte de los creacionistas radicales, o su modificación motivada por razones ajenas a la ciencia por parte de los menos radicales. Obviamente, en la medida en que los negacionismos comportan casi siempre, al menos de forma indirecta, una oposición a teorías o hechos bien asentados por la práctica científica, asumen una actitud anticientífica, aunque no siempre sea así.

Puede haber casos de personas que nieguen esos hechos o teorías y lo hagan convencidos de que es la buena ciencia la que conduce a dicha negación. Sería el caso, por ejemplo, de los negacionistas del cambio climático que se aferran a ese pequeño porcentaje de climatólogos (un 3 % a lo sumo, según algunas estimaciones [Cook *et al.*, 2013]) que niegan que el cambio climático reciente esté causado principalmente por la actividad del ser humano. Del mismo modo, una persona antivacunas que rechace las vacunas de ARN porque crea que pueden producir cambios en el genoma del vacunado estaría manteniendo una actitud anticientífica, puesto que esa creencia choca con lo que nos dice la ciencia, mientras que una persona que desconfíe de las vacunas contra la COVID-19 porque considere que todavía no se conocen posibles efectos secundarios a largo plazo no necesariamente estaría comprometida con actitudes anticientíficas, lo que no quita para que deba preguntarse si a estas alturas no estaría llevando sus recelos más allá de lo prudente. Por la misma razón, no debe calificarse de anticientífico a quien discute con datos y argumentos atendibles aspectos puntuales de la forma en que se ha efectuado la vacunación durante la pandemia. Tampoco, obviamente, a quien critica las políticas que se hayan podido aplicar por algunos gobiernos para el control del virus.

Se ha constatado que los negacionismos y las actitudes anticiencia van ligados, sobre todo en el contexto de Estados Unidos, a la aceptación de los llamados «hechos alternativos», un eufemismo para referirse a «hechos» que en realidad nunca se han producido, pero son asumidos por conveniencia. También suelen ir ligados a la adopción de teorías conspirativas, es decir, a la creencia en complots secretos detalladamente trazados por gente poderosa para dirigir a su antojo grandes acontecimientos políticos y sociales y ejercer el control directo sobre los ciudadanos mediante el despliegue de las nuevas tecnologías. Así ocurre, según parece, con la reticencia a la vacunación y con el negacionismo climático (Lewandowsky, Oberauer y Gignac, 2013;

Jolley y Douglas, 2014; Lewandowsky *et al.*, 2015; Callaghan *et al.*, 2019; Roozenbeek *et al.*, 2020; Bertin *et al.*, 2021). Parece lógica esta conexión: si alguien se opone al consenso de la ciencia sin tener para ello argumentos científicos que merezcan tal nombre o datos mínimamente fiables, debe articular algún tipo de explicación conspiracionista para justificar la existencia de ese consenso. El recurso más fácil es pensar que los científicos son una élite privilegiada y corrupta, comprada por las grandes empresas farmacéuticas o por las industrias biotecnológicas o por el poder político y militar. Sin embargo, esto les obliga a veces a hacer complicados equilibrios para mantener, a menudo sin éxito, un discurso coherente (Lewandowsky *et al.*, 2018). Resulta curioso observar cómo personas que niegan el calentamiento global aduciendo que se producen olas de frío al mismo tiempo dicen que el calentamiento obedece a causas naturales y que es beneficioso, o cómo algunos de quienes se oponen con vehemencia a la vacunación, porque consideran que los científicos y las compañías farmacéuticas están ocultando información y mintiendo para obtener beneficios, confían en otros fármacos de esas mismas compañías. Unos y otros parecen ejercer una especie de negacionismo selectivo que ha de sustituir la coherencia por rebuscadas explicaciones *ad hoc*. Esas teorías conspirativas han sido llevadas al paroxismo por movimientos como QAnon, cuya creencia en que una élite satánica y pedófila quiere controlar el mundo e impedir que Donald Trump gobierne, y para ello utilizan cualquier medio a su alcance, incluyendo las vacunas, hace que uno se replantee seriamente la definición del ser humano como animal racional. Santiago Alba Rico (2022) ha descrito con elocuencia lo que muy posiblemente motiva esas personas:

> [El conspiracionismo es] otra reacción [...] que aumentó exponencialmente durante la pandemia y que ha acabado reuniendo, a izquierda y derecha, a movimientos antivacunas, anticapitalistas, magufos y reaccionarios. En un mundo que se percibe sin

control, cuya complejidad queda fuera de nuestra comprensión y en la que no podemos intervenir, ¿qué ventajas tienen las conspiraciones? La de que las hacen sujetos identificables dotados de voluntad, a los que se puede nombrar y que eventualmente se podrían desactivar. Que los virus no sean de origen «natural», que las farmacéuticas se dobleguen a la maldad de un Fumanchú que querría controlarnos a través de chips intravenosos, que Gates o Soros provoquen crisis y hambrunas, que la OTAN haya provocado una guerra en Ucrania en favor de Estados Unidos o que la NASA lleve décadas ocultándonos las imágenes que demuestran que la Tierra es plana, son ideas muy tranquilizadoras mediante las cuales, de algún modo, suprimimos al mismo tiempo la complejidad y el azar, tantas veces asociados. [...]

La «crisis» es sobre todo una crisis de conocimiento (un exceso de claridad que hace apetecible la oscuridad) y una crisis de seguridad (la inseguridad respecto del mundo en el que van a vivir nuestros hijos). La búsqueda de culpables en una complejidad irresponsable es una tentación, si se quiere, antropológica y metafísica, pero también social: los conspiranoicos tienden a unirse —al menos virtualmente— mucho más que los defensores de la sanidad pública o del derecho a la vivienda.

Finalmente, las *pseudociencias* son disciplinas o teorías que pretenden ser científicas sin serlo realmente, lo que los lleva inevitablemente a chocar con teorías científicas establecidas. En las pseudociencias hay siempre un elemento de simulación. No son aceptadas como ciencias por la comunidad científica, pero los defensores de estas disciplinas tratan de comportarse como si fueran científicos, tanto en su práctica como en el modo en que se comunican con la sociedad. Y su máximo afán es que, ya que no cuentan con el aval de la comunidad científica, que al menos la sociedad sí los considere practicantes de una ciencia efectiva. Ejemplos populares hoy en día serían la astrología, la homeopatía, la parapsicología, el diseño inteligente, la ufología, la cienciología, la «medicina cuántica» (aunque esta recibe otros nombres y tiene diversas ramificaciones) y otras medicinas alternativas. La teoría cuántica, más allá de algunos campos de la física, solo ha podido ser aplicada en la química, para entender el enlace químico, y en informática, para intentar producir ordenadores cuánticos. En la medicina ni se sueña siquiera con poderle encontrar alguna utilidad teórica. Es cierto que muchos de los instrumentos actuales usados en medicina, como los escáneres o los aparatos de radioterapia, se basan en ella, pero esto no tiene nada que ver con esa supuesta medicina cuántica. También son pseudocientíficas muchas de las afirmaciones exageradas o falsas que se hacen en los anuncios de productos alimenticios o cosméticos. Pretenden estar basados en la ciencia, pero no lo están por lo habitual.

El reproche que cabe hacer a las pseudociencias es, ante todo, el engaño que suponen, puesto que pretenden pasar a toda costa por lo que no son, es decir, por ciencias. Una pretensión con la que, por cierto, a diferencia de lo que sucede en la anticiencia, le están rindiendo pleitesía a la ciencia. Pero también cabe culpar a algunas de ellas de los efectos nocivos que producen al desviar a las personas hacia prácticas que no son científicas y hacerles creer que el tratamiento médico que está tomando contra cierta enfermedad debe ser abandonado y sustituido por un producto cuya capacidad curativa no está probada.

El caso de la homeopatía es particularmente ilustrativo de lo que es una pseudociencia. Su situación en España es sintomática de lo que sucede en muchos otros países, aunque no seamos el país europeo donde se consume más homeopatía ni donde más se confía en ella. Austria, Francia y Alemania cuentan con porcentajes mayores de usuarios. Según la encuesta del FECYT sobre percepción pública de la ciencia correspondiente a 2020, solo el 4,4 % de los españoles confía mucho en la homeopatía, a los que habría que sumarles el 12,8 % que confía bastante en ella y el 24,2 % que confía algo. En cambio, el 22,8 % confía poco, el 28 % no confía nada y el resto no sabe o no contesta. El mayor apoyo se da entre mujeres y entre personas mayores de 35 años, pero baja mucho en los mayores de 65. En cuanto al nivel de estudios, el mayor apoyo se da entre personas con estudios universitarios (19,2 %) seguidas de personas con el bachillerato o equivalentes (18,9 %) y el menor, entre personas sin estudios o con estudios primarios inacabados (12,3 %). En la comunidad autónoma donde menos se confía en la utilidad homeopatía es en Asturias (7,9 %) y donde más, en Cataluña (22,7 %). Es consolador comprobar que el apoyo general a la homeopatía en nuestro país ha descendido en más de 8 puntos desde 2018 —esta tendencia descendente parece darse también en otros países de Europa— y que el 74,4 % declara no haber utilizado nunca más tratamientos que los de la medicina científica. Pero resulta también desconcertante saber que quienes más utilizan las terapias alternativas en general son las personas con estudios superiores (casi un 30 %) y que en 2015 el mercado de productos homeopáticos movió más de mil millones de euros en la Unión Europea y tres veces más en Estados Unidos.

En nuestro país, como en otros países europeos, los productos homeopáticos no necesitan, para ser legalizados, mostrar eficacia terapéutica mediante ensayos clínicos, como debe hacer cualquier medicamento, sino que les basta con justificar su uso tradicional. Es de suponer que esto complace a los homeópatas porque los estudios serios realizados hasta el momento, entre ellos uno publicado por la revista médica *The Lancet*, la más prestigiosa de su campo (Shang *et al.*, 2005), han mostrado que la eficacia de la homeopatía es la de un mero placebo. Dicho sea de paso, el ilusionista canadiense James Randi ofrece desde hace años un millón de dólares a quien demuestre científicamente la eficacia de la homeopatía. Nadie se ha llevado hasta ahora el premio. Las instituciones médicas y científicas han sido bastante claras al respecto, a pesar de las presiones, puesto que hay muchos médicos que practican la homeopatía. Por poner solo un ejemplo, en septiembre de 2017 el Consejo Asesor Científico de las Academia Europeas (EASAC) publicó un informe en el que no solo se concluye que no hay ninguna evidencia válida de que la eficacia de la homeopatía vaya más allá del efecto placebo, sino que añaden que choca con los conceptos establecidos por la física y la química y que puede poner en peligro a los pacientes al retrasar la búsqueda de remedios eficaces para sus enfermedades e incluso al hacerles desconfiar de la evidencia científica. Y, para culminar, recomiendan que los sistemas públicos de salud no subvencionen los productos homeopáticos allí donde lo hacen.

Una de las razones de la aceptación de la homeopatía es que muchas personas la confunden con la medicina naturista y con el herbarismo. Las medicinas naturales utilizadas por chamanes y sanadores en culturas distintas a la nuestra se basan en el uso de plantas o de sustancias orgánicas que tienen ciertos efectos sobre el organismo. Algunas de esas sustancias son tan efectivas que, en lo que ha sido calificado de biopiratería, algunas empresas farmacéuticas se apropian de esos conocimientos tradicionales y los patentan en su exclusivo beneficio. Pero esto no tiene nada que ver con la homeopatía. En la medicina naturista el paciente recibe sustancias que modifican la química de su organismo. El peligro suele estar, sobre todo, en la falta de control sobre las dosis y en la calidad de la sustancia que se ingiere. La homeopatía puede emplear plantas y otras muchas sustancias orgánicas e inorgánicas, pero eso no es lo esencial. Lo esencial son las *diluciones extremas* que se realizan de esas sustancias, lo que tiene como resultado que al final el paciente solo recibe agua con azúcar o un mero excipiente.

La homeopatía, en efecto, se basa en dos ideas que no tienen ningún apoyo científico: la idea de que lo semejante se cura con lo semejante *(similia similibus curantur)* y la idea de que el poder curativo de una sustancia es potenciado por la dilución extrema con la que se administra. Desde su fundación por Samuel Hahnemann (1755-1843) a finales del siglo XVIII, la homeopatía, a diferencia de lo que sucede con las ciencias, no ha experimentado ningún progreso teórico importante que pueda añadirse a estos dos principios, a no ser la «memoria del agua» de la que hablaremos a continuación, o la apelación a nociones mal interpretadas que se toman de la física, en especial del electromagnetismo y de la teoría cuántica.

La primera idea está basada en un antiguo principio de la medicina hipocrática, y sostiene que si, por ejemplo, una persona padece una enfermedad entre cuyos síntomas está la presencia de una hinchazón acompañada de dolor, el remedio podría estar en un preparado a base de abejas trituradas, cuya picazón produce un efecto parecido en una persona sana, o si padece una congestión nasal, con lagrimeo e irritación en los ojos y garganta, puede tomar un preparado a base de cebolla.

Siendo ya esta primera tesis un resto de la medicina antigua sin justificación rigurosa, es, sin embargo, la segunda idea la más absurda desde una perspectiva científica. De hecho, como dice el informe del EASAC, es incompatible con la aceptación de lo que establecen la física y la química actuales. Debe tenerse en cuenta que algunos de los principios activos utilizados en homeopatía son muy peligrosos en dosis normales. No es de extrañar, por tanto, que haya preparados homeopáticos que consistan en diluciones de diez elevado a menos diez, e incluso que se realicen concentraciones muchísimo menores. Son muy frecuentes diluciones de diez elevado a menos treinta. Estas diluciones extremas no se hacen, sin embargo, para evitar el peligro de intoxicaciones, sino porque Hahnemann estableció que esa era la manera de reforzar la eficacia curativa de las distintas sustancias. Cuanto más diluidas, mayor poder terapéutico. Ahora bien, un sencillo cálculo con el número de Avogadro muestra que para estar seguros en el caso de una dilución como la última mencionada de haber ingerido una sola molécula del principio activo habría que beberse centenares de miles de litros del preparado homeopático. Es, pues, prácticamente imposible encontrar rastro molecular alguno del principio activo en los productos puestos a la venta. Si el prospecto dice que se trata de un preparado a base de la sustancia x, el consumidor puede apostar lo que quiera a que allí no queda rastro alguno de x.

Para justificar esto, los homeópatas suelen recurrir a hipótesis extrañas acerca de transmisiones misteriosas de energía al disolvente, o, de forma aparentemente más rigurosa, a la hipótesis de la «memoria del agua». Según esta hipótesis, las moléculas de agua pueden guardar memoria química de otras moléculas con las que han estado en contacto; mediante cambios estructurales el agua grabaría información acerca de esas sustancias. Serían esos cambios estructurales o esta información, y no las moléculas del principio activo como tales, lo que captarían las células de nuestro cuerpo y lo que induciría a la curación de la enfermedad. Queda envuelto en la confusión, sin embargo, el modo en que esta información se guarda y, sobre todo, cómo es que puede actuar terapéuticamente sobre nuestro cuerpo (¿radiación electromagnética o algún otro tipo de fuerza desconocida?). Además, ¿por qué el agua (y solo ella) iba a guardar memoria de las propiedades químicas de toda sustancia con la que esté en contacto? ¿Podríamos hacer gasolina homeopática echando unas microgotas de gasolina en un bidón de agua y agitándolo todo bien? Y si solo es el agua la que guarda memoria, ¿por qué se dan pastillas, que no contienen agua?

La hipótesis de que el agua posee algún tipo de memoria química duradera no tiene respaldo en la ciencia. Los homeópatas traen a menudo en su defensa un artículo publicado en 1988 en la revista *Nature* por el inmunólogo Jacques Benveniste y su equipo, que aparentemente confirmaba la existencia de la memoria del agua. Sin embargo, desde el principio ese artículo despertó sospechas y la revista publicó un editorial expresando sus dudas y explicando que esos resultados violaban la ley de acción de masas y que, por tanto, lo más prudente era suspender el juicio hasta tener nuevos ensayos que los confirmaran. Llega a decir que Benveniste y su equipo estaban tratando a las moléculas como si fueran fantasmas o espíritus (*ghosts*). Los resultados de Benveniste no pudieron reproducirse en ensayos posteriores, cuando se mejoró la metodología y se obligó a que los investigadores no supieran qué tubos de ensayo contenían la dilución homeopática (en este caso era una dilución de anticuerpos humanos). En 1993, *Nature* publicó un ensayo realizado exactamente con los mismos procedimientos que el de Benveniste y sus colaboradores, pero introduciendo el control de doble ciego (Hirst, Hayes, Burridge *et al.*, 1993). El resultado fue claramente negativo. Por lo que hoy sabemos, las únicas moléculas en el agua que presentan alguna diferencia son las de una fina capa superficial de 0,3 nanómetros y esto apenas cambia unos nanosegundos con un soluto. Bajo esa capa delgadísima, todas las moléculas presentan las mismas características y los mismos enlaces químicos (Jungwirth, 2011).

Hace un tiempo, después de publicar en la prensa un artículo en el que explicaba todo esto que acabo de exponer, un defensor de la homeopatía se quejó, de forma amable y correcta, de que en mi artículo afirmara que la homeopatía era una «teoría carente por completo de base científica, por no decir simplemente contraria a la ciencia». Esto, sin embargo, es algo que diría cualquier filósofo de la ciencia, de modo que, aunque yo dejara de decirlo, como me pedía mi interlocutor, me temo que la batalla la tendrían perdida.

Para convencerme de que me equivocaba, de que la homeopatía está avalada por la ciencia actual, argumentaba que es legal en muchos países, que sus «medicamentos» están regulados por normativas europeas y se venden solo en farmacias. Nadie niega esto, aunque algunos pensemos que sea cosa digna de lamentar. Desafortunadamente para el bolsillo de muchas personas es así. Claro que eso no prueba nada sobre su base científica, sino en todo caso sobre los poderosos intereses que hay detrás de ella y su capacidad para convencer a los legisladores. Aducía también que si buscaba la palabra «homeopatía» en la base de datos de publicaciones biomédicas PubMed me saldrían más de siete mil artículos indexados, y que incluso muchos de ellos eran ensayos clínicos. Ahora serán más, dado el interés social y económico del tema. Habría que ver, eso sí, cuántos de esos miles de artículos son para desmentir las afirmaciones de la homeopatía, o son en-sayos clínicos fallidos o defectuosos, o publicados en revistas, digamos, «favorables a la causa». Porque, en efecto, la homeopatía cuenta con sus propias revistas, publicadas por buenas editoriales, creadas expresamente para difundir sus ideas, como la revista *Homeopathy*, o revistas que parece claro que la ven con buenos ojos, como el *Journal of Ethnopharmacology*. Lo que está en cuestión es precisamente el rigor científico de esas publicaciones.

Entre los artículos sobre los que llamaba mi atención había tres que parecían más serios. El primero estaba publicado en la revista *Systematic Reviews*, perteneciente a la prestigiosa editorial Springer (Mathie *et al.*, 2014), en el que un metaanálisis aleatorizado mostraba que los efectos documentados en diversos ensayos homeopáticos iban más allá del efecto placebo en un porcentaje pequeño, pero estadísticamente significativo. Al final del artículo se nos avisaba de que tres de los siete autores, incluyendo el primer autor, tenían financiación de empresas homeopáticas o estaban empleados en ellas y otros tres pertenecían a la Universidad de Glasgow, que recibe fondos de la British Homeopathic Association. De hecho, el primer firmante era consejero de dicha asociación. Aunque también se nos decía, como es habitual, que en todo momento se habían respetado las normas del método científico. La conclusión que afirmaban haber establecido era que «los medicamentos recetados en la homeopatía individualizada pueden tener efectos de tratamiento pequeños y específicos». El segundo artículo estaba publicado en la prestigiosa revista *Neuroscience* (Venard *et al.*, 2008), pero se limitaba a estudiar que el principio activo Gelsemina, un alcaloide tóxico utilizado en homeopatía, en dosis no homeopáticas, es decir, en dosis pequeñas, pero normales en farmacología, estimula la síntesis de un neuroesteroide y esto tiene un efecto beneficioso en ratones. Aclaremos que nadie niega que ciertos principios activos empleados en homeopatía, cuando se administran en dosis no homeopáticas, puedan ser beneficiosos, aunque también pueden ser muy perjudiciales. Y finalmente, el tercero, el más sólido de todos, estaba publicado en la prestigiosa revista *The Oncologist* en fecha más reciente (Frass *et al.*, 2021). El estudio en cuestión, financiado por el Institute for Homeopathic Research de Viena, decía mostrar que en pacientes con cáncer de pulmón de células no pequeñas avanzado (NSCLC), «junto al convencional tratamiento contra el cáncer, el añadido de la homeopatía podría ayudar a aliviar los efectos secundarios de la terapia convencional». La conclusión del estudio era que se había mejorado la calidad de vida y la supervivencia de dichos pacientes. La propia revista, sin embargo, publicó una nota meses más tarde por errores cometidos con ocho pacientes, de los 150 que incluía el estudio, pero afirmaba a continuación que esto no afectaba al resultado.

Este último estudio merece un mayor comentario. Aunque una golondrina no hace verano, sería algo muy de apreciar que pacientes terminales de cáncer pudieran mejorar su calidad de vida, sin dejar la medicación habitual, tomando algún preparado homeopático (entre ellos, uno a base de arsénico y otro a base de mercurio), aunque extrañamente el artículo no especifica qué «preparado» se aplicó a cada paciente y cuál fue su efecto en él. Pero las cosas no son tan favorables como en principio parecía. En junio de 2022, la revista *Journal of Cancer Research and Clinical Oncology* publicó un estudio sistemático en bases de datos médicas, con datos que iban desde 1800 hasta 2020, para evaluar la «evidencia de la efectividad de la homeopatía en las condiciones físicas y mentales de pacientes durante el tratamiento oncológico» (Wagenknecht *et al.*, 2022). Los autores encontraron 18 estudios relevantes que implicaban a 2016 pacientes, entre ellos este que citamos de *The Oncologist* (para más detalle sobre él véase Hübner y Lübbers, 2022). Tras el análisis de todos ellos, la conclusión del artículo era clara: «no existe para la homeopatía una hipótesis con base científica de su modo de acción ni evidencia concluyente de estudios clínicos en el tratamiento del cáncer». Y añadía:

No se puede proporcionar evidencia de que la homeopatía exceda el efecto placebo. Además, la mayoría de los estudios incluidos muestran numerosas y graves debilidades metodológicas que conducen a un alto nivel de sesgo y, en consecuencia, son poco fiables. Por lo tanto, tomando como base los hallazgos de esta revisión sistemática, no se puede verificar ninguna evidencia de efectividad positiva de la homeopatía.

Dadas las circunstancias, si la homeopatía no es una pseudociencia, como afirman sus defensores, debe entonces tener muy mala suerte, porque cada victoria pequeña que obtiene es seguida por una significativa derrota. Ante esto, los defensores suelen adoptar una actitud que es propia de la pseudociencia, la de aceptar solo los ejemplos a favor y nunca los ejemplos en contra. Esto equivale a renunciar a la voluntad de autocrítica y revisión de errores que, como ya vimos, debe caracterizar a la ciencia. No se trata, como suele creerse, de que la homeopatía (y lo mismo puede decirse de otras pseudociencias) sea infalsable en sentido lógico, es decir, que no haya ninguna experiencia posible que entre en conflicto con ella. Aquí Popper se equivocaba, como explicaremos después. Las hipótesis pseudocientíficas pueden ser a menudo puestas a prueba mediante contrastación empírica, al igual que las hipótesis científicas, y, de hecho, muchas están falsadas. De lo que se trata es de que sus defensores se niegan a admitir los contraejemplos y los análisis contrarios a sus ideas. Y, finalmente, persiste el problema principal: por mucho que publiquen en revistas de cierto prestigio, los homeópatas siguen sin explicar de forma aceptable la cuestión de cómo se produce la curación en ausencia del principio activo. Este no es, obviamente, un asunto menor.

Cómo defender a la ciencia

Las causas de la existencia de estos movimientos contrarios a la ciencia o falsamente emuladores de la ciencia son complejas y variadas, y sería absurdo pretender enumerarlas todas, pero su dilucidación es un requisito básico si queremos saber cómo defender a la ciencia de sus ataques. Me atrevo aquí a sugerir solo algunas que considero relevantes para entender lo que está sucediendo en nuestros días.

En primer lugar, un factor decisivo ha sido lo que Max Weber, en una muy citada expresión, llamó el «desencantamiento del mundo», que viene a consistir en la desaparición, propiciada por el avance de las ciencias, del sentido de la reverencia hacia lo existente y de la entrega al misterio; un misterio que, sin embargo, muchos seres humanos siguen necesitando para dar sentido a sus vidas. Sencillamente hay personas que no soportan tener que asumir que son una parte más de una naturaleza indiferente, regida por leyes, en la que no hay magia alguna, ni más misterio que el que implica la limitación de nuestro conocimiento. Prefieren la calidez vital que les puede proporcionar la creencia en algo trascendente o insondable frente a la sequedad y frialdad de la indagación racional. La modernidad inició la separación entre la imagen popular (manifiesta) del mundo y la imagen científica, y la Ilustración hizo primar la segunda sobre la primera. Son muchos, sin embargo, los que no desean trasladar esta primacía a sus vidas y deciden que la imagen científica del mundo es algo que no les concierne o incluso que les perjudica. Como sugirió Holton (2002), la anticiencia ofrece a estas personas una visión del mundo motivadora, estable y funcional. Al fin y al cabo, si la ciencia no tiene todas las respuestas sobre el mundo, ¿por qué no resistirse entonces a su voluntad de controlarlo todo?

En segundo lugar estaría el auge de algunas tendencias sociales relativistas, posmodernas o neorrománticas (antiilustradas, en definitiva). Es habitual encontrarse en ellas con el rechazo frontal de lo que se considera una alianza sospechosa y peligrosa entre la ciencia y el poder, sea el poder de los Estados, el de las élites, el de las empresas o el de los mercados. Se trata de corrientes de pensamiento que llevan a gala su desconfianza frente a la autoridad, incluyendo la autoridad científica, a la que no ven como muy distinta de las otras, llegando a identificarla con el colonialismo occidental. Los enormes beneficios económicos de las multinacionales farmacéuticas son destacados con frecuencia en ese ámbito como argumento probatorio de que esas compañías buscan seguir haciendo negocios aun a costa de nuestra salud. De un modo análogo, se aducen los intereses profesionales y políticos de un supuesto *lobby* científico, o de las empresas del sector nuclear y de las energías alternativas, para explicar el empeño de la gran mayoría de los climatólogos en hacernos aceptar sus tesis.

Las actitudes políticas asumidas y sus efectos psicológicos y sociales tienen también un papel muy relevante en todo esto. Las posiciones anticiencia, por estar fuera de las corrientes de opinión mayoritarias, refuerzan en sus seguidores el sentimiento de pertenencia a un grupo. En cierto modo son vistas por ellos mismos como una forma de reivindicar una identidad diferencial que marca distancia ideológica con los que no piensan igual. Los estudios internacionales no permiten establecer un sesgo ideológico claro, por ejemplo, entre las personas contrarias a las vacunas, habiendo variaciones entre diferentes países (Roozenbeek *et al.*, 2020). Sin embargo, hay indicios de que en Estados Unidos su porcentaje es mayor entre los simpatizantes de la derecha (Baumgaertner *et al.*, 2018), mientras que en Europa la ideología puede no haber sido tan determinante, pero también parece haber una mayor inclinación a rechazar la vacunación entre las personas con ideologías encuadradas en la derecha, por su mayor desconfianza hacia la ciencia (Kossowska *et al.*, 2021). Otros estudios muestran —si bien esto requeriría mayor confirmación— que en Europa ha sido el ascenso del voto a los partidos populistas, tanto de derechas como de izquierdas, el que correlaciona bien con esas actitudes de recelo a la vacunación (Kennedy, 2019). En otras posiciones anticientíficas la polarización política es más clara, como en el caso del negacionismo del cambio climático o el del creacionismo y el diseño inteligente, cuyos partidarios se sitúan con mucha mayor frecuencia en la derecha del espectro político (Pew Research Center, 2015). En Estados Unidos está bien establecido que las personas con convicciones políticas progresistas tienen una visión de la ciencia y de los científicos significativamente más positiva que las personas conservadoras, y una de las causas es que estas últimas tienden a pensar que la ciencia está sesgadamente politizada hacia la izquierda (Barker *et al.*, 2022; Hardy y Tallapragada, 2021).

Finalmente, creo que hay mencionar otro factor que tiende a descuidarse. El éxito de la ciencia ha facilitado la extensión del cientifismo y ha hecho que los científicos descuiden la tarea imprescindible de explicarle a un público amplio la importancia que sus logros tienen para resolver los problemas más acuciantes. La agenda investigadora se decide por lo común con secretismo y sin un reconocimiento bien estudiado de esos intereses. Por decirlo de otro modo, no se ha sabido articular aún de forma satisfactoria el funcionamiento de la ciencia en el seno de una sociedad democrática (Kitcher, 2001 y 2011; Broncano, 2020). No es sorprendente en tales circunstancias que muchas personas, incluso en los países más desarrollados, se sientan desconectadas de un progreso científico y tecnológico que no asumen como propio. Con el agravante de que ese sentimiento se ve alimentado por una comprensión pobre, cuando no errónea, de la ciencia.

Si estas son las causas principales de la anticiencia, como creo que lo son, los remedios no están a la vuelta de la esquina. La propuesta tradicional (conocida como el modelo del déficit) de mejorar la educación científica y, con ella, la de incentivar la divulgación, es encomiable, y merece todo el apoyo que se le puede dar, pero no podemos esperar que disipe por completo los factores que he mencionado y que tienen que ver con actitudes políticas, con sentimientos y con visiones alternativas del mundo, cosas que no cambian, me temo, hasta que no cambian las condiciones culturales y sociales que las fundamentan.

La alfabetización científica de la población a través del sistema educativo o de la divulgación científica de calidad es admitida hoy, en efecto, como una necesidad en cualquier país democrático desarrollado. Sin unos conocimientos científicos básicos no se pueden tomar decisiones acertadas en muchas cuestiones científico-técnicas que afectan a la vida de los ciudadanos (instalación de antenas para móviles, torres de alta tensión, pararrayos, aditivos alimentarios, consumo de transgénicos, etc.), pero no hay que perder de vista que estamos, sobre todo, ante un problema de actitudes políticas y sociales, y no tanto ante un problema de ignorancia científica, como lo muestra la conexión mencionada entre las posiciones anticiencia y el auge de los populismos, que en su rechazo de las élites de poder incluyen también al menos a una parte de la comunidad científica.

De hecho, el nivel socioeconómico y cultural (incluyendo el científico) de los líderes antivacunas y de muchos negacionistas y clientes de las pseudociencias suele estar por encima del nivel medio de la población (Drummond y Fischhoff, 2017), aunque se ha encontrado que en estas personas se da una mayor brecha que en el resto de la población entre lo que creen que saben y lo que saben realmente, es decir, que tienden a sobrevalorar su nivel de conocimientos (Light *et al.*, 2022). Sin embargo, como apuntábamos antes, piensan que ellos disponen de mejor información que el resto de la población, resignada a aceptar las mentiras que unos medios de comunicación comprados y sumisos les quieren contar. Se consideran pertenecientes a un colectivo más avisado, más vigilante, menos crédulo que la mayoría, alejado de los tópicos y atento a lo que tienen que decir los científicos disidentes (esos auténticamente libres, pero sistemáticamente acallados por el poder). Según su forma de ver las cosas, la ciencia real se ha vendido a intereses espurios y se ha alejado del viejo ideal de ciencia objetiva y políticamente neutral. Creen que la ciencia se ha visto obligada a someterse a los designios de sus patrocinadores, públicos o privados, y una ciencia comercializada y ligada al poder político no puede aspirar a que se deposite en ella una confianza ciega. Menos aún cuando trata de imponerse mediante una actitud que consideran cientifista, una actitud que desprecia todo lo que se salga de la doctrina mayoritaria. Ven en ello una pretensión autoritaria de acallar la voz de la opinión pública, de cerrar todo debate hasta que solo se escuche la voz del experto comisionado por los que manejan los hilos, nunca la de los díscolos. Si los representantes de la élite científica les atacan y ridiculizan, ellos desestiman su autoridad y buscan información en otros lugares, confirmando así su sentido solidario de comunidad perseguida y maltratada. Se envuelven con ello en un discurso del que resulta difícil salir, porque tiene la peligrosa cualidad de que se reafirma con cualquier réplica. Cuanta más hostilidad y más críticas reciben, más seguros están de haber tomado la senda correcta.

Ante tales desafíos, la divulgación científica no es una tarea menor de la que pueda despreocuparse la propia comunidad científica. La ciencia se juega mucho en la actualidad en el mantenimiento de una buena imagen pública, capaz de contrarrestar el crecimiento de estos movimientos anticiencia, y la buena divulgación científica puede ayudar en la labor de lucha contra las fuentes de la desinformación. Una divulgación —eso sí— que no solo se centre en los contenidos de las teorías científicas, sino que explique también el funcionamiento de la ciencia como institución y aclare su incardinación en el seno de sociedades democráticas, con vistas a deshacer ciertos tópicos arraigados. En ella, la diversidad de las diferentes ciencias, el papel de los valores en la investigación y la existencia de intereses económicos, profesionales, sociales, estratégicos, morales, etc. no deben ser ocultados, sino que más bien tendrían que ser señalados y explicados. Eso contribuiría a dar una imagen menos estereotipada de la ciencia, atenta a los condicionantes y límites de la práctica investigadora. Del mismo modo, debería informar sobre las fuentes de financiación, sobre las apuestas geoestratégicas en la ciencia, sobre las peculiaridades de las tecnociencias, etc. (Marcos y Chillón, 2010). Todo esto implica que la divulgación científica se beneficiaría del contacto con disciplinas como la historia de la ciencia, la filosofía de la ciencia o los estudios sociales sobre la ciencia, de las que puede obtener buenas ideas y orientaciones.

El papel de intermediario entre la investigación científica especializada y el público culto está contribuyendo ya a que la divulgación se vea como una prioridad para la propia ciencia. Empieza a haber clara conciencia de la necesidad de fomentar explícitamente el respeto, la consideración y el gusto por la ciencia si es que queremos que esta siga ocupando un papel central en la cultura y siga contribuyendo como lo hace a nuestro bienestar. Sobre todo, en lo que a la investigación básica se refiere, que es la que menos incentivos externos encuentra.

Las expresiones en lengua inglesa ligadas a lo que nosotros llamamos «divulgación científica» son variadas: *popular science, science communication, public understanding of science, science popularization, image of science, education and outreach*. En castellano el término «divulgar» encierra algún matiz peyorativo, puesto que sugiere que se trata de «vulgarizar» la ciencia. Aunque ese matiz desaparece si se tiene en cuenta que el vulgo es el conjunto de las personas comunes, las que no son especialistas en algún tema, y, por tanto, todo el mundo es vulgo en una u otra ocasión. Se trata, pues, de comunicar la ciencia a un público no especializado para hacérsela comprensible y para que, de una forma amena y placentera, pueda formar una imagen adecuada de lo que la ciencia hace realmente.

No se debe identificar con la «tercera cultura» (el empeño de algunos científicos por sustituir a filósofos y humanistas), como a veces ocurre. Según uno de sus representantes, John Brockman (1996, p. 17), «la tercera cultura está conformada por científicos y otros pensadores sobre el mundo empírico que, a través de su trabajo y escritos, están tomando el lugar del intelectual tradicional al hacer visibles los significados más profundos de nuestras vidas y al redefinir quiénes y cómo somos». El fin de la divulgación no es que los científicos asuman los temas y el papel cultural que tradicionalmente ocuparon los intelectuales con la excusa de que pueden hacerlo mejor que ellos. Un científico que escribe sobre ética, política o metafísica, por ejemplo, no está haciendo divulgación.

Una buena divulgación científica debería asimismo —y este es un asunto tan importante como poco cuidado— ayudar a fomentar la capacidad para la valoración social del desarrollo tecnocientífico. Los ciudadanos no deberían sentirse ajenos a la ciencia. Al contrario, habría que aspirar a una ciencia bien integrada en el sistema democrático y, consecuentemente, capaz de prestar atención a los intereses de la población. En el fondo, lo que está en juego aquí es el complejo problema de la gobernanza de la ciencia (y de la tecnología), del que bien podría decirse que es el tema de nuestro tiempo. Esto contribuiría también a tomar conciencia de los riesgos que nos amenazan y del papel de la ciencia y de la tecnología en ellos, tanto en su origen como en su manejo, y facilitaría la realización de análisis rigurosos que nos permitan esquivarlos o paliar sus peores efectos.

Finalmente, la divulgación científica puede ofrecernos una visión de conjunto sobre la ciencia que puede resultar útil para los propios científicos, cuya obligada especialización les impide muchas veces tener esa perspectiva general de su labor. Entre otras cosas, esta visión de conjunto podría fomentar la evaluación crítica de las promesas infundadas o exageradas que a veces se hacen en nombre de la ciencia.

La principal debilidad de la divulgación científica está en su poder limitado para conseguir todos estos fines que hemos destacado en una época en la que la desinformación va camino de convertirse en una plaga. Tras los discursos negacionistas, anticientíficos y pseudocientíficos hay intereses políticos y económicos que, además, financian con generosidad la propaganda. La divulgación ha de valerse en esa confrontación partiendo desde el inicio con esta desventaja. Ella no puede pretender por sí sola modificar esos intereses. Además, son numerosos los temas que ha de tratar y resulta difícil saber qué seleccionar en función de lo que el público demanda y cómo hacer llegar su mensaje con efectividad. Sin embargo, en los últimos años han sido precisamente las redes sociales, con todos sus defectos, las que han mostrado que existe un enorme interés en la divulgación científica, y más aún entre el público joven.

Nos preguntábamos en el epígrafe de este apartado cómo defender a la ciencia frente a los ataques que recibe desde las posiciones irracionalistas que hemos descrito (y no solo desde ellas). No quiero terminarlo sin hacer referencia a un sugerente artículo del filósofo sueco Sven O. Hansson titulado justo al contrario, «Cómo no defender la ciencia. Un decálogo para los defensores de la ciencia» (2020). En él da unos excelentes consejos orientados sobre todo a los divulgadores, pero valen también, y mucho, para los profesionales de la filosofía y las humanidades. Comparto plenamente siete de ellos, que constituyen casi un resumen de este libro y creo que ponerlos aquí es un buen colofón a esta apartado:[1]

- No retrates la ciencia como un tipo único de conocimiento.
- No subestimes la incertidumbre científica.
- No describas la ciencia como infalible.
- No niegues la carga valorativa de la ciencia.
- No culpes a las víctimas de la desinformación.
- No busques convencer a los propagandistas anticientíficos.
- No contribuyas a la legitimación de la pseudociencia (participando en debates de igual a igual).

---

[1] Los tres que no comparto son: (i) no asocies [la ciencia] con el poder, (ii) no ataques a la religión cuando no entra en conflicto con la ciencia y (iii) no te llames «escéptico» a ti mismo. El primero no me parece correcto, puesto que la ciencia es ella misma una forma de poder, aunque entiendo que lo que pretende es que no se confunda a la ciencia con los intereses económicos y con las prácticas de las compañías que la financian. El segundo creo que tiene más relevancia en el mundo cultural norteamericano, en el que se vive con más fuerza que en Europa el conflicto entre ciencia y religión y no parece que sea muy conveniente que las personas religiosas vean en la ciencia a un enemigo. En Europa, la situación por ahora es diferente. Y el tercero me parece irrelevante.

El problema de la demarcación

Buena parte de la filosofía de la ciencia del siglo xx consistió en el intento de caracterizar a la ciencia mediante un criterio único que permitiera distinguirla de la metafísica (para los neopositivistas) y, sobre todo (a partir de Popper), de las pseudociencias. El resultado de los esfuerzos de décadas de discusión fue, sin embargo, un fracaso; pero un fracaso productivo, porque en esas discusiones aprendimos mucho acerca de lo que es la ciencia en realidad. No hay un criterio único para separar con total nitidez y seguridad lo que es científico de lo que no lo es, o, si se quiere, no hay una condición necesaria y suficiente para determinar si algo pertenece potencialmente a la ciencia. Sin embargo, no estamos por ello desarmados ante los defensores de las pseudociencias o de la mera pretensión de que la ciencia es un discurso entre otros. La buena noticia es que tenemos bastantes criterios para hacer esa separación. Son condiciones contextuales y parciales, pero casi siempre dan los mismos resultados negativos para esos defensores.

Fueron los miembros del Círculo de Viena, promotores de la corriente filosófica conocida como positivismo lógico o neopositivismo, los primeros en ofrecer un criterio explícito de demarcación entre ciencia y no ciencia. Debido a su empirismo radical, consideraban además que era un criterio válido para separar el discurso significativo del discurso carente de significado. Identificaban así la ciencia con lo que podía decirse con sentido y pensaban que todo lo que quedaba fuera de la misma carecía de sentido. Ese discurso no científico, a lo sumo, como la poesía, serviría para despertar en el lector ciertos sentimientos y emociones, pero no para obtener conocimiento sobre el mundo. Y ahí los neopositivistas incluían no solo a las pseudociencias, sino también a la metafísica y prácticamente a toda la filosofía tal como se había venido practicando hasta entonces. En realidad, ofrecieron dos criterios de demarcación: el criterio de verificabilidad y el criterio de confirmabilidad.

El criterio de verificabilidad encaja bien en principio con una concepción bastante extendida de la ciencia: es científico aquello que podemos verificar con rigor a partir de la experiencia. Los neopositivistas entendieron la verificabilidad de una hipótesis o una teoría como la posibilidad de establecer concluyentemente su verdad a partir de un conjunto de experiencias concretas. Se trataba, eso sí, de la mera posibilidad conceptual de determinar cuáles deberían ser esas experiencias, no del hecho de haberlas obtenido, cosa que podía quedar relegada para una investigación futura. Dicho de otro modo, según este criterio, *una hipótesis es científica si se puede establecer qué datos, observaciones, experimentos, etc., en caso de obtenerse, probarían fehacientemente su verdad.*

Parece una propuesta sensata. Si alguna carta de naturaleza suele presentar la ciencia es esta de su fuerte cimentación en la experiencia, a diferencia de otras pretendidas modalidades de conocimiento, que no la tienen. Sin embargo, como pronto comprendieron los miembros del Círculo de Viena, el criterio era demasiado fuerte, puesto que planteaba una exigencia que no podían cumplir los enunciados más valorados en la ciencia: las leyes científicas (y, en general, ningún enunciado universal). Este es un problema que ya había detectado David Hume a mediados del siglo XVIII. En el *Tratado de la naturaleza humana* había escrito: «no pueden existir argumentos *demostrativos* que prueben que casos de los que no hemos tenido experiencia son semejantes a aquellos en que sí la hemos tenido» (Hume, 1981, I, III, VI, p. 196). Es el famoso problema de la inducción o «problema de Hume».

La cuestión es simple. Tomemos un enunciado universal como «Todos los cisnes son blancos». Por muchos casos de cisnes blancos que hayamos observado en el pasado, no podemos decir que hayamos *demostrado concluyentemente* la verdad del enunciado, porque siempre cabe la posibilidad de que, en algún lugar inexplorado, o en algún momento del pasado o del futuro, hubiera cisnes negros (sabemos que los hay en Australia). Las leyes científicas presentan este problema con más agudeza. Son en general enunciados universales irrestrictos que establecen entre los fenómenos alguna relación que se cumple en cualquier lugar del universo y en cualquier momento del tiempo (aunque esta caracterización tenga excepciones, que hemos de dejar de lado aquí). La ley de la gravedad afirma, por ejemplo, que para todo par de masas m_1 y m_2, estas se atraen entre sí con una fuerza directamente proporcional a su producto e inversamente proporcional al cuadrado de la distancia que las separa. Sin embargo, aunque hayamos observado hasta ahora que dicha ley se cumple en todas las ocasiones en que se ha puesto a prueba, nada impide desde un punto de vista lógico que encontremos que no se cumple en alguna ocasión. Pasar del registro de casos que tenemos del cumplimiento de la ley a la afirmación de que la ley se cumplirá *siempre* supone un salto inductivo que asume un riesgo de error, por pequeño que sea. Por ello, no podemos afirmar con rotundidad que se ha *probado* con los casos observados la verdad de la ley. La ley de la gravedad, como cualquier otra ley científica, no sería verificable. Por lo tanto, si aceptamos la verificabilidad como criterio de demarcación, eso implicaría que las leyes y los enunciados universales en general quedarían fuera de la ciencia. Una conclusión inaceptable, claro está. El criterio de verificabilidad falla estrepitosamente en su propósito y así lo reconocieron los neopositivistas.

Hubo varios intentos de solucionar el problema debilitando o matizando la noción de verificabilidad, pero finalmente se impuso la propuesta de un miembro destacado del Círculo, Rudolf Carnap, de sustituir este criterio de demarcación por otro más sofisticado. Lo que caracteriza a la ciencia, según Carnap, no es que en ella se pueda establecer concluyentemente, más allá de toda duda, la verdad de un enunciado, sea universal o no. Lo que hace que un enunciado (una hipótesis) sea científico y tenga, por tanto, sentido empírico, es que la experiencia es relevante para decidir acerca de su verdad o falsedad, o, en otros términos, los datos empíricos pueden aumentar o disminuir la probabilidad de que el enunciado sea verdadero. No habría ya problemas con los enunciados universales y las leyes puesto que pueden ser apoyados o debilitados de este modo. Muchos ejemplos a su favor ayudan a confirmar un enunciado y muchos ejemplos en contra lo desconfirman. Este ha de ser, entonces, el criterio de demarcación: *la confirmabilidad*. Un enunciado (una hipótesis) es científico y tiene sentido empírico solo si es confirmable, es decir, si es susceptible de encontrar experiencias posibles que lo apoyen o lo debiliten.

La confirmabilidad, como es fácil inferir, posee grados; no es una cuestión de todo o nada, como lo era la verificabilidad. Un enunciado puede estar poco confirmado o muy confirmado. En los dos casos podrá considerarse científico, solo que la probabilidad de que sea verdadero aumentará con su grado de confirmación. Tal apoyo en los hechos, que aumenta su probabilidad, puede incluso formalizarse mediante una lógica inductiva, tarea a la que Carnap dedicó buena parte de su labor filosófica. Las leyes científicas serían, pues, enunciados con un alto grado de confirmación.

El propósito demarcacionista que buscaban los neopositivistas quedaba aparentemente cumplido con este criterio puesto que, a diferencia de lo que sucedía con el criterio de verificabilidad, las leyes científicas no serían excluidas, mientras que la filosofía, la religión, la poesía, etc., al no poder ofrecer enunciados confirmables, no podrían formar parte de la ciencia.

No obstante, también este criterio se vio envuelto en dificultades insuperables. Para empezar, permanece el problema de Hume. Podemos haber confirmado un millón de veces la relación entre fenómenos que establece una ley como la ley de la gravedad, pero dada la innumerable cantidad de casos que a lo largo de la historia del universo se han dado y se darán de cuerpos con masa interactuando entre sí, el apoyo inductivo que este millón de observaciones ofrecerá a la ley de la gravedad será minúsculo en comparación con el resto de los casos que permanecen aún inobservados. Por otro lado, el análisis formal de la relación de confirmación entre enunciados singulares y enunciados universales generaba paradojas lógicas que mostraban que esa relación no podía establecerse en términos puramente lógicos (sintácticos), como pretendían los neopositivistas, sino que para decidir qué hipótesis concretas confirmaban determinadas observaciones había que introducir consideraciones contextuales, históricas y semánticas que hacían mucho más compleja y borrosa esta relación. Además, no es difícil encontrar enunciados confirmables, que podrían ser apoyados o debilitados por experiencias posibles, pero que difícilmente consideraríamos como científicos. Pensemos, por ejemplo, en el siguiente enunciado: «Hay un planeta en la galaxia de Andrómeda en el que existen hombrecitos verdes». Sería un enunciado confirmable, puesto que alguna vez, con una tecnología muchísimo más desarrollada que la actual, podríamos observar si se cumple o no, pero no es probable que muchos científicos estuvieran dispuestos a aceptarlo como un enunciado científico.

Pero quizás la crítica más convincente contra la confirmabilidad como criterio de demarcación la formuló Popper, quien no formó parte oficialmente del Círculo de Viena, aunque mantuvo relaciones estrechas con algunos de sus miembros. Popper argumentó que fuera de la ciencia tenemos teorías que cuentan con abundantes ejemplos confirmadores, con muchas predicciones cumplidas. De hecho, uno de los rasgos de las pseudociencias, según su opinión, es su propensión a encajar cualquier hecho aparentemente problemático o contrario como una confirmación. Podríamos añadir que la prueba de que son confirmables es que los hechos han mostrado que, a menudo, se trata de hipótesis sumamente improbables cuando no claramente falsas.

Finalmente, tanto la verificabilidad como la confirmabilidad descansan sobre unos supuestos que fueron cuestionados o matizados por la filosofía de la ciencia posterior al neopositivismo (Diéguez, 2020, p. 18). Estos supuestos pueden resumirse así:

(a) Es posible distinguir de forma precisa entre observación y teoría. La observación científica es siempre un proceso teóricamente neutral que se atiene a lo dado y no lo somete a ninguna interpretación previa no justificada.

(b) Sobre la base exclusiva de los datos observacionales, el científico procede inductivamente y generaliza los resultados particulares en leyes aplicables a una totalidad de fenómenos.

(c) Es justamente el fuerte apoyo inductivo que alcanzan las leyes y las teorías lo que justifica su admisión más allá de toda duda razonable.

(d) En consecuencia, el desarrollo científico es un proceso acumulativo en el que no caben grandes cambios ni revoluciones, sino tan solo perfeccionamientos graduales.

Ninguno de estos supuestos cuenta ya con la aceptación rotunda de casi nadie. No se acepta que haya observaciones puras, que no contengan algún tipo de carga teórica, no se acepta que la inducción sea el modo habitual de proceder para alcanzar leyes científicas, no se acepta que el apoyo inductivo pueda llegar a hacer que las teorías sean incuestionables y no se acepta que el progreso científico sea acumulativo. No obstante, el término «confirmación» no tiene que ser desechado por ello. Podemos hablar de confirmaciones en la ciencia, puesto que podemos apoyar en observaciones y experimentos la validez de las hipótesis científicas. Lo que las objeciones expuestas muestran es que no podemos utilizar la confirmación como el criterio que caracteriza y define a la ciencia.

Si el neopositivismo se centró en determinar cuándo son científicos los enunciados, Karl Popper pensó que la unidad de análisis debían ser esos conjuntos de enunciados y leyes que son las teorías. Lo importante es averiguar si podemos separar con rigurosidad las teorías científicas de las que no lo son, sobre todo de las pseudocientíficas, que él veía como un peligro a combatir. Popper no interpretaba que esta demarcación entre ciencia y no ciencia fuera también una demarcación entre el discurso significativo y el discurso sin significado. En particular, él no criticaba a la metafísica por no ser un discurso científico y no consideraba que sus ideas constituyeran sinsentidos o pseudoproblemas. Todo lo contrario, siempre subrayó el papel fundamental que la metafísica ha tenido a lo largo de nuestra historia cultural y adujo repetidas veces que en la ciencia hay compromisos metafísicos inevitables e implícitos que son necesarios para el avance de la investigación, así como que ciertas teorías metafísicas, como el atomismo, se transformaron en ciencia con el tiempo. Él mismo hizo propuestas metafísicas influyentes, como su teoría de los tres mundos o su defensa del emergentismo y del indeterminismo.

Popper intenta reconstruir la lógica de la ciencia de manera que la lógica deductiva sea suficiente para la evaluación de las aserciones científicas, sin abandonar por ello el principio del empirismo, según el cual solo la experiencia puede decirnos qué es verdadero o falso acerca del mundo. Esta reconstrucción da lugar a un nuevo criterio de demarcación: una proposición (o hipótesis o teoría) es científica solo si puede ser falsada por la experiencia. El término «falsar» es un neologismo que debe entenderse como sinónimo de refutación empírica. En su libro *Conjeturas y refutaciones*, publicado originalmente en 1963, Popper lo expresa así:

> Un sistema solo debe ser considerado científico si hace afirmaciones que pueden entrar en conflicto con observaciones; y la manera de contrastar un sistema es, en efecto, tratando de crear tales conflictos, es decir, tratando de refutarlo. Así, la contrastabilidad es lo mismo que la refutabilidad y puede ser tomada igualmente, por lo tanto, como criterio de demarcación. (1983, p. 312)

En consonancia con esto, las teorías científicas no son tales porque cuenten con muchas confirmaciones que las apoyen, sino porque hacen predicciones arriesgadas, que pueden entrar en conflicto con experiencias posibles, es decir, con experiencias concebibles. Eso es, por ejemplo, lo que hizo Einstein con su teoría general de la relatividad al predecir que la trayectoria de la luz debería curvarse en campos gravitacionales. La contrastación empírica consiste justamente en buscar hechos que, tras efectuar estas predicciones, nos permitan encontrar los errores, y así podremos deshacernos de ellos lo antes posible. Es lo que habría ocurrido con la teoría general de la relatividad si la expedición de sir Arthur Eddington en 1919 a la Isla de Príncipe, frente a la costa de Guinea Ecuatorial, no hubiera comprobado que la predicción de Einstein era correcta. Lo hizo midiendo la posición aparente de las estrellas cercanas al Sol durante un eclipse solar y constatando que diferían de la posición relativa durante la noche. En cambio, las teorías metafísicas o las pseudocientíficas no pueden ser falsadas, según Popper, porque no hacen afirmaciones que puedan ser refutadas empíricamente. No hay ninguna experiencia posible que entre en conflicto con ellas.

Si una teoría hace predicciones arriesgadas y pasa con éxito intentos rigurosos de refutación, no podemos decir que haya quedado confirmada por ello; lo más que podemos decir es que ha aumentado su «grado de corroboración». Pero, para Popper, el grado de corroboración no es garantía de verdad o de alta probabilidad de verdad. Una teoría científica puede tener un alto grado de corroboración y ser falsada al día siguiente. La ciencia no progresa como resultado de los esfuerzos de los científicos por ofrecer hipótesis muy probables que se acerquen cuanto sea posible a la evidencia conocida. Progresa como resultado del hecho de que los científicos hacen conjeturas audaces y con alto contenido informativo que van más allá de los datos disponibles. Y una vez efectuadas sus conjeturas, el interés del científico no es probar que sean verdaderas, sino intentar refutarlas.

El destino de toda teoría científica es, según su propuesta, el de ser falsada algún día. Por eso la ciencia no debe considerarse como un conjunto de verdades establecidas de una vez por todas, sino como un sistema de hipótesis o conjeturas siempre provisionales y revisables, aunque en ese proceso pueden encontrarse indicios racionales de que vamos alcanzado teorías cada vez más verosímiles, es decir, teorías con mayor contenido de verdad y/o menor contenido de falsedad.

El psicoanálisis y el marxismo eran dos de los ejemplos de pseudociencia favoritos de Popper (junto con la astrología). Sin embargo, creo que ninguno de los dos (a diferencia de la astrología) serían buenos ejemplos desde la perspectiva actual, porque ninguno afirma ahora ser una ciencia, y, como vimos, para ser una pseudociencia es requisito imprescindible pretender ser una ciencia sin llegar a serlo realmente. En el caso del marxismo esto no parece que genere ya ninguna discusión, porque se admite que se trata de una ideología o de un enfoque filosófico y no de una teoría científica, aunque hubo un tiempo en que algunos de sus defensores sostuvieron que lo era. En el caso del psicoanálisis, la cuestión es más compleja. Parece que entre los psicoanalistas hay diversidad de opiniones, pero ha aumentado la tendencia a no considerarlo como una disciplina científica. Lo dijo con claridad Jacques Lacan en una conferencia pronunciada en el MIT en diciembre de 1975, cuando sostuvo que el psicoanálisis no era una ciencia sino una práctica. En las discusiones sobre el psicoanálisis que pueden encontrarse en la filosofía de la ciencia reciente hay bastante acuerdo en que no cumple los estándares epistemológicos para ser considerado como una ciencia, aunque hace afirmaciones sobre el desarrollo infantil, sobre los procesos mentales y sobre la salud mental que son falsables, y algunas han sido falsadas, tal como explicó hace tiempo Adolf Grünbaum y el propio Popper terminó admitiendo. Hay autores que han sugerido que, con los debidos cambios metodológicos y una mayor interdisciplinariedad, podría aspirar a tener un carácter científico (Lacewing, 2013 y 2018). Sin embargo, la existencia de escuelas psicoanalíticas diversas, en ocasiones enfrentadas radicalmente entre sí sobre cuestiones fundamentales y sin que unas saquen provecho de las aportaciones de las otras, la insuficiente atención a los avances en otras disciplinas cercanas y los sesgos de confirmación son síntomas de su actual carácter no científico. Pero una cosa es que no sea una ciencia y otra distinta que sea una pseudociencia. En la medida en que no pretenda ser un campo científico, escaparía a este calificativo.

Ahora bien, lo importante no es si Popper elige los mejores ejemplos de pseudociencia, sino la validez de su propuesta para separar la ciencia de lo que no lo es. Su criterio de la *falsabilidad* de las teorías es el más conocido de todos los que se han propuesto y goza de amplia aceptación entre los científicos, pese a que también presenta problemas que lo inhabilitan para su función. El criterio de Popper, en efecto, no superó satisfactoriamente las críticas que recibió por parte de Thomas Kuhn, Imre Lakatos y Paul Feyerabend. Mediante el recurso a la propia historia de la ciencia, estos autores mostraron que los científicos casi nunca consideran falsada una teoría solo porque choque con ciertos experimentos u observaciones, y en particular no lo hacen si no tienen otra teoría mejor que poner en su lugar. Como dijo Lakatos, los científicos tienen la piel gruesa. Tienen buenos motivos para actuar así y cuando lo hacen, cuando protegen sus teorías de la falsación, están comportándose racionalmente, al menos si esa protección no se lleva demasiado lejos, porque toda teoría, sobre todo si está en sus inicios, necesita de cierto grado de protección frente a las evidencias contrarias. Si somos falibilistas consecuentes, como Popper nos pedía, y aceptamos que la posibilidad del error puede estar presente en todos los niveles de la ciencia, hemos de admitir que los experimentos y los datos, o nuestra interpretación de ellos, pueden estar equivocados. Así que, en caso de choque entre una teoría exitosa y ciertas evidencias empíricas, es preferible en principio poner en cuestión estas últimas.

Si los científicos no actuaran así, ninguna teoría sobreviviría mucho tiempo, puesto que todas chocan o han chocado con algunos hechos conocidos. La teoría de Copérnico chocaba con la aparente inexistencia de paralaje estelar, la mecánica newtoniana no podía dar cuenta satisfactoriamente de la órbita de Mercurio ni de la de Urano y la teoría de la evolución de Darwin no encajaba ni con la teoría de la herencia que Darwin defendía ni con la edad de la Tierra que calculó el físico William Thomson. Por otro lado, los científicos también pueden optar racionalmente por proteger la teoría mediante modificaciones *ad hoc* o recurriendo a hipótesis adicionales que eviten el choque falsador. Popper admitió que ambas cosas podían ser legítimas, pero con severas restricciones, por ejemplo, que las modificaciones protectoras hicieran a la teoría más falsable y no menos. No obstante, los científicos las han realizado a lo largo de la historia sin preocuparse mucho por ese asunto. Añádase a esto que para obtener predicciones arriesgadas con las que falsar una teoría es siempre necesario incluir en el proceso hipótesis auxiliares y condiciones iniciales que permitan concretar los resultados. Como explicó Pierre Duhem a principios del siglo XX (y repitió Quine décadas después), esto implica que cualquier atribución de la responsabilidad del choque con los hechos a la teoría en lugar de a alguna de las hipótesis auxiliares es arriesgada y puede estar equivocada. Por tanto, culpar a las hipótesis auxiliares puede ser lo más prudente.

De nuevo, no se trata de que en la ciencia no se produzcan falsaciones. Claro que las hay, y son importantes para el progreso científico. Pero no son tan inmediatas, tan directas, ni tan constantes como Popper sostiene. Kuhn y Lakatos pusieron el énfasis en que durante bastante tiempo los científicos pueden acordar que el núcleo central de una teoría sea inmune a los contraejemplos refutadores y en esos periodos estarán en general mucho más interesados en encontrar confirmaciones de las teorías que en su refutación. Puede decirse por tanto que en la ciencia hay supuestos teóricos que se vuelven temporalmente infalsables, en el sentido de que son protegidos de la falsación, sin que esta actitud pueda volverse permanente. El choque con los hechos, si persiste y, sobre todo, si viene acompañado por el surgimiento de mejores teorías, termina derribando a las teorías vigentes hasta

ese momento. Por otro lado, y esto es peor aún para el criterio de Popper, en las pseudociencias (e incluso en la metafísica)
podemos encontrar hipótesis o afirmaciones que son falsables y
algunas de ellas han sido falsadas, como la memoria del agua de
la homeopatía, la explicación del registro fósil de los creacionistas
o la correlación entre las posiciones aparentes de ciertos planetas
y estrellas y las diferencias en personalidad o el destino profesional de las personas de la astrología (o el mecanicismo y la idea
cartesiana del animal-máquina en metafísica). La diferencia con
la ciencia (y con la metafísica) es que en las pseudociencias estas
falsaciones no dan lugar a la búsqueda y adopción de mejores
teorías por parte de sus defensores, sino que estos permanecen
fieles a sus creencias por tiempo indefinido, sin importar, excepto
quizás en algún detalle, el choque con los hechos.

Intentando resolver algunos de estos problemas, el último
criterio de demarcación importante que se propuso fue el de la
progresividad de los programas de investigación de Lakatos. Un criterio que, a diferencia de los anteriores que se centran en la relación lógica de los enunciados o teorías con la evidencia empírica,
introduce elementos históricos a la hora de emitir un juicio sobre
la pertenencia a la ciencia.

Para empezar, Lakatos sube aún más el nivel en la unidad de
análisis de la cientificidad. No son los enunciados o las teorías
los ítems mejores para este análisis, sino los programas de investigación, que guardan bastante similitud con los paradigmas
de los que hablaba Kuhn. Un programa de investigación es una
secuencia histórica de teorías que comparten un centro o núcleo
firme, que se considera como tal por convención, y que es tenido
durante un tiempo como inmune a los intentos de refutación.
En el caso del programa newtoniano de investigación, este núcleo firme serían las tres leyes del movimiento más la ley de la
gravedad. El programa incluye también un cinturón protector de
hipótesis auxiliares sobre las que recaen los impactos de las evidencias contrarias al programa y que, por tanto, son modificadas

y abandonadas en caso necesario para proteger al núcleo firme de los intentos de falsación. Finalmente, el programa incluye una heurística negativa, que consiste simplemente en el mandato de no tocar el núcleo firme en caso de problemas, sino el cinturón protector, y una heurística positiva, que son las herramientas conceptuales y las técnicas necesarias para resolver los problemas dentro del programa, así como las orientaciones acerca de cómo hacer los cambios en el cinturón protector. En el caso del programa newtoniano, en el cinturón protector podríamos incluir la óptica de Newton o su teoría sobre la refracción atmosférica y en la heurística positiva las herramientas matemáticas para desarrollar el programa, como el cálculo diferencial, por ejemplo.

Lo que Lakatos propone es que un programa de investigación ha de ser considerado como científico solo si es un programa progresivo, y no es científico (o es pseudocientífico) si es regresivo. Para que un programa sea progresivo, debe ser tanto teórica como empíricamente progresivo. Si falla en alguna de estas dos cosas, entonces es regresivo. Un programa es teóricamente progresivo si es capaz de hacer predicciones de hechos nuevos e inesperados, y es empíricamente progresivo si al menos alguna de estas predicciones resulta corroborada. Si hace predicciones novedosas, pero todas fracasan, no puede decirse que haya progresión real. Predecir con éxito hechos nuevos es, pues, la clave de la cientificidad.

Cuando un programa de investigación ya no es capaz de hacer esto y se limita a elaborar hipótesis *ad hoc* para ir acomodando como buenamente puede hechos novedosos descubiertos en el seno de un programa rival (Lakatos piensa que en la ciencia siempre hay programas de investigación en competencia), o los descubrimientos que realiza son casuales, entonces el programa se ha vuelto regresivo o degenerativo, y cuando eso sucede, más allá de toda esperanza, debe ser abandonado, porque deja de ser científico. Sin embargo, Lakatos admite que permanecer fiel a ese programa durante un tiempo puede resultar racional para algunos científicos, puesto que no hay en estos casos posibilidad de establecer un juicio instantáneo de racionalidad. La evaluación de un programa de investigación ha de hacerse tomando una cierta perspectiva histórica, no contemplando solo el estado actual del programa. Al fin y al cabo, un programa de investigación puede pasar por una fase degenerativa y luego volver a ser progresivo. El atomismo es el ejemplo que él elige para ilustrarlo. Desde su origen en la filosofía griega hasta su recuperación al comienzo de la ciencia moderna pasó por una fase degenerativa que incluyó toda la Edad Media para luego convertirse, sobre todo a partir de la teoría de Dalton, en un programa claramente progresivo.

Como es fácil suponer, aquí está precisamente el problema principal —no el único— en la propuesta de Lakatos. Si el plazo de tiempo que hemos de esperar para emitir un juicio definitivo sobre la regresividad insuperable de un programa de investigación puede llegar a ser de varios siglos, el criterio se vuelve inútil en la práctica. Como señalaron sus críticos, entre ellos su amigo Feyerabend, el criterio no puede proporcionar en tales circunstancias un medio fiable para distinguir entre ciencia y no ciencia. Un programa de investigación progresivo puede pasar por largas fases degenerativas, pero dado que el criterio permite que se considere racional la lealtad a un programa de investigación durante una de esas fases, la fuerza normativa del criterio se disipa. Nunca se puede tener la completa seguridad de que un programa regresivo no vaya a tornarse progresivo en el futuro, con lo cual es racional (y científico) tanto adherirse a un programa rival progresivo como seguir defendiendo un programa degenerativo durante un tiempo indefinido.

En resumen, ningún criterio de demarcación ha superado las críticas recibidas. El verificacionismo fue demolido por la objeción formulada dentro del Círculo de Viena sobre su incapacidad para incluir los enunciados universales y el confirmacionismo se vio envuelto en paradojas y problemas lógicos y fue descalificado por Popper y muchos de sus sucesores. Ello propició que la fuerte actitud antimetafísica de los neopositivistas diera paso con los años, empezando con Popper, a un interés creciente por los problemas metafísicos y epistemológicos, hasta el punto de que puede decirse que buena parte de la mejor metafísica se hace hoy por filósofos que se sitúan en la tradición inaugurada por el Círculo de Viena (en otros ámbitos de pensamiento, paradójicamente, parece que caló la idea de que la metafísica había muerto). El inductivismo fue situado en el lugar que le corresponde (tiene un papel en la ciencia, pero no debe entenderse como un modo de caracterizar a la ciencia ni debe identificarse con «El Método Científico»). La tesis de la carga teórica de la observación y la crítica al mito de lo dado acabó con la pretendida pureza de la base empírica de la ciencia. El empirismo radical fue criticado por los realistas, de Popper en adelante, y el carácter acumulativo de la ciencia fue duramente atacado por Kuhn y Laudan y muy matizado por diversos realistas. La principal alternativa a los dos criterios neopositivistas, la falsabilidad de Popper, no funcionó tampoco, porque se hizo evidente que no se practicaba en la ciencia de la forma en que Popper la describía y porque muchas tesis pseudocientíficas son falsables. Finalmente, la progresividad de los programas de investigación lo permitía todo, cualquier decisión acerca de qué programa defender podría ser justificada como racional.

Pero este panorama de fracasos continuados no debe llevarnos al desánimo. Si bien no hay ninguna caracterización de la ciencia exenta de dificultades y los criterios de demarcación entre ciencia y no ciencia terminaron mostrando sus deficiencias, eso no quiere decir que no haya diferencia alguna entre la ciencia y las pseudociencias, o que no podamos entresacar algunos rasgos que esperamos encontrar en las disciplinas científicas y que las distanciarían de las pseudociencias. Son rasgos, sin embargo, que pueden no estar siempre presentes en todas las ciencias, o pueden no estarlo del mismo modo y con la misma intensidad, y por ello no deben considerarse como propiedades necesarias y suficientes de la labor científica (así como sus negaciones tampoco pueden tomarse como propiedades necesarias y suficientes de las pseudociencias [Fasce, 2017]). Simplemente se trataría de propiedades que nos sirven como orientación a la hora de emitir un juicio acerca del carácter científico o pseudocientífico de una hipótesis o una teoría. El hecho de que esos criterios sean multifactoriales no impide que el juicio sea claro y contundente cuando el asunto se ha analizado con detenimiento. Estamos ante una cuestión contextual, no de confusa atribución. De hecho, suele haber bastante acuerdo entre los especialistas acerca de qué ideas o disciplinas han de considerarse como pseudocientíficas.

Entre esos rasgos yo destacaría las siguientes:

1. Las hipótesis han de estar formuladas en un lenguaje preciso (y, a ser posible, en forma matemática). Los conceptos deben estar claramente definidos. La vaguedad debe ser evitada. Las predicciones deben ser interpretables de forma unívoca.
2. Las hipótesis han de ser contrastables empíricamente, es decir, deben darse indicaciones de cómo cualquier investigador puede comprobar su validez si así lo desea a partir de la experiencia (replicabilidad). Para ello, es conveniente que puedan dar lugar a predicciones nuevas y arriesgadas.
3. Las explicaciones han de ser naturalistas, es decir, no pueden apelar a causas o procesos no naturales.
4. En la evaluación de las hipótesis no debe hacerse una selección solo de las evidencias confirmatorias.
5. Las ideas han de estar abiertas a la crítica racional y pública y no deben ser defendidas del choque con la evidencia más allá de un límite razonable. La revisión constante y la corrección de los errores deben ser siempre facilitadas. La elusión reiterada de la crítica no es bien vista y debilita a las teorías.
6. Las teorías científicas deben cambiar como consecuencia del choque con la evidencia empírica o ante el surgimiento de teorías mejores. Deben hacer progresos.

7. El mero hecho de que una teoría sea antigua o pertenezca a una tradición de investigación existente no le debe otorgar más autoridad epistémica que a las hipótesis o teorías nuevas.

8. Es deseable la interconectividad teórica. Las nuevas propuestas teóricas deben establecer conexiones con otras teorías de la misma disciplina o de otras distintas pero cercanas. En caso de que no sea así, por su carácter rupturista, deben aportar sólidos apoyos empíricos y buenos argumentos que pasen una dura criba crítica. Si la aceptación de una teoría implicara la necesidad de revisiones radicales en otras ciencias, es prudente mantener el escepticismo sobre la misma.

En resumen, aun en ausencia de un criterio único de demarcación, podemos decir que las pseudociencias constituyen formas de pseudorracionalidad ligadas a la ciencia, puesto que rechazan ideas científicas establecidas para promover otras que carecen de fundamento sólido, o no cumplen de forma suficiente las características epistemológicas y metodológicas que solemos encontrar en las diferentes ciencias, y, pese a ello, son presentadas falsamente por sus defensores como si fueran más fiables que las de la ciencia.

4. ¿Tiene límites la ciencia?

La responsabilidad social implica que los científicos tienen la obligación de realizar investigaciones socialmente valiosas, participar en debates públicos, dar testimonio como expertos (si se les pide), ayudar a hacer la política científica y a desacreditar la ciencia basura. Algunos científicos pueden rechazar la noción de responsabilidad social alegando que la ciencia debe buscar el conocimiento por sí mismo y debe dejar que los políticos y el público se ocupen de las consecuencias sociales de la investigación. La responsabilidad del impacto social de la ciencia recae en los medios de comunicación, los políticos y el público, no en los científicos. Aunque esta actitud se ha vuelto menos común en los últimos años, todavía tiene una influencia lo suficientemente significativa como para que valga la pena rebatirla.

D.B. Resnik, *The Ethics of Science*

Medida en comparación con la antigüedad de la historia de la humanidad que conocemos, la idea del futuro es aún relativamente joven. No se formó hasta los siglos XVI y XVII, en Europa occidental, y está estrechamente relacionada con el concepto de la historia que se desarrolla en la Edad Moderna, un concepto que, por primera vez, concibió el devenir histórico como un proceso coherente de la evolución de la humanidad. La idea de futuro surgió a la par que dicha concepción, aun cuando apenas se percataran los coetáneos de ello, pues su invención o descubrimiento no fue obra de nadie conocido.

L. Hölscher, *El descubrimiento del futuro*

¿Debería haber un conocimiento prohibido?

Si el deseo de conocer debe estar sujeto a ciertos límites morales es un tema delicado y con más vericuetos de lo que a simple vista parece. Damos por sentado en la vida cotidiana que, por muy grande que sea el interés de alguien en conocer el estado de salud de sus amigos y vecinos, no tiene ningún derecho a acceder a su historial médico sin su consentimiento, y sería inmoral (e ilegal) que lo hiciera. Asimismo, por muy intensa que fuera la curiosidad de un aficionado por las estrategias de juego que va a seguir el próximo domingo el entrenador de su equipo favorito, eso no obliga al entrenador a comunicárselas, y si, por algún azar o artimaña, llegara a saberlas (sobornando a algún técnico, por ejemplo), su divulgación sería como mínimo una traición a su equipo. Sabemos, pues, en estos contextos, que el conocimiento no es un valor absoluto, que la confianza de nuestros amigos o la victoria de nuestro equipo valen más que la posesión de ciertos conocimientos.

Esta convicción es en principio fácil de justificar —no deben ponerse en peligro algunos derechos, violando la intimidad de las personas, ni es bueno perjudicar caprichosamente el prestigio y la economía de un grupo—, pero se vuelve mucho más problemática cuando hablamos del conocimiento científico. Hasta tal punto es así que resulta común juzgar cualquier intento de limitarlo como muestra de una voluntad inquisitorial, o como una reedición del ya mencionado caso Lysenko, que arruinó durante décadas (desde mediados de la de 1930 a mediados de la de 1960) la genética en la Unión Soviética y se llevó por delante vidas y haciendas, entre ellas, la del genetista Nikolái Vavílov, máximo representante de esta ciencia en aquel momento. Vavílov murió de malnutrición en la cárcel en 1943 por oponerse a las maniobras de Trofim Lysenko para acabar con la genética mendeliana por razones ideológicas. Lysenko dictaminó que chocaba con lo éticamente permisible según su interpretación del marxismo-leninismo, y de nada le sirvió a Vavílov ser miembro del Soviet Supremo ni haber recibido en su día el premio Lenin para evitar el castigo.

¿Hemos de aceptar entonces que la libertad de investigación en la ciencia es un valor absoluto y que cualquier pretensión de establecer cortapisas morales o legales bastaría para remover a Galileo en su tumba? ¿O, por el contrario, hay razones defendibles para sostener que debe estar sometida, como otros derechos básicos, a ciertas limitaciones, incluso hasta el extremo de prohibir, si se viera necesario, la adquisición de algunos conocimientos posibles? ¿Equivaldría esta prohibición a una censura ejercida por motivos ideológicos? ¿Habría alternativas a dicha prohibición?

Este debate despierta con frecuencia la tentación de ofrecer réplicas poco meditadas y de grueso calibre. Ya lo dijo hace más de cuarenta años el bioeticista David H. Smith: «en ciertos círculos, las propuestas de restricción de algunas investigaciones son tratadas no solo con la condescendencia normalmente empleada con los idiotas, sino con la intolerancia reservada por lo usual para los pervertidos morales» (Smith, 1978, p. 30). Una explicación de esta actitud es que la libertad de investigación, junto con la libertad de cátedra, son piezas esenciales de la vida académica en cualquier sistema democrático, y se consideran no solo derechos intocables, protegidos en muchos casos constitucionalmente, sino requisitos imprescindibles para el progreso de la ciencia. Por ello, las pretensiones de limitación o control tienden a verse como movimientos contrarios a la libertad promovidos por zelotes ideológicos que solo buscan imponer sus dogmas con más facilidad.

Es habitual emplear el rotundo epíteto de «conocimiento prohibido» para referirse a esos supuestos conocimientos que, según algunos, no deberían alcanzarse jamás. Esta expresión basta, sin embargo, para traer a la memoria algunos de los peores episodios de nuestra historia. Se entiende por conocimiento prohibido aquel «conocimiento considerado como demasiado sensible, peligroso o tabú como para ser producido o compartido» (Hagendorff, 2020, p. 1).

Nicholas Rescher, uno de los pocos filósofos que se ha atrevido a considerar el asunto con detenimiento (otros nombres que vale mencionar son los de Helen Longino, Peter Singer y Philip Kitcher), nos recuerda un ejemplo de conocimiento científico que fue rechazado por razones morales: el obtenido en los campos de concentración nazis (Rescher, 1987, cap. 1). Como se puso en evidencia en los juicios de Núremberg, allí se investigó con los prisioneros sobre varias cuestiones médicas, como la tolerancia de los humanos a las altas o bajas presiones atmosféricas y a las bajas temperaturas. No se dudó para ello en someterlos a verdaderas torturas que provocaron la muerte de muchos de esos prisioneros. Sin embargo, como también nos recuerda Rescher, sí que se utilizaron los conocimientos sobre agentes tóxicos, químicos y biológicos, obtenidos durante la guerra por los médicos japoneses en los campos de prisioneros, experimentando con seres humanos en circunstancias no demasiado diferentes de las de los nazis. Estos resultados eran, al parecer, mucho más interesantes para las autoridades militares aliadas y se perdonó a los responsables.

Se puede aducir que en estos casos la prohibición de usar los conocimientos estuvo justificada por haber sido obtenidos mediante *procedimientos* o *métodos* inmorales, pero que eso no se debe extender (como no se hizo) al tema de estudio. Así, sería legítimo regular e incluso prohibir por motivos éticos ciertos procedimientos de investigación, y lo mismo podría decirse de ciertas aplicaciones del conocimiento, pero no deberían restringirse ni los temas ni los contenidos de la investigación, y, por supuesto, tampoco su divulgación. En los países democráticos, las normativas existentes regulan los medios para la investigación y las aplicaciones prácticas que salen al mercado, pero en principio solo los científicos deciden sobre los temas que quieren estudiar, siempre que encuentren financiación para su estudio.

La negación de fondos para la investigación o la no aceptación de un artículo para su publicación por deficiencias éticas en los procedimientos son relativamente frecuentes en los ámbitos más problemáticos de las ciencias y las ingenierías (un buen ejemplo sería el del científico chino He Jiankui, al que ninguna revista le aceptó en 2018 su artículo sobre la edición genética de dos niñas gemelas), mientras que no se ha dado nunca hasta ahora, que yo sepa, la prohibición expresa de investigar sobre un determinado asunto. A lo sumo, se han decretado algunas moratorias que han ejercido una cierta presión moral sobre los especialistas, pero que han terminado siempre por levantarse.

En este contexto, es común distinguir entre la ciencia pura, la ciencia aplicada y la tecnología. Se considera que la primera debe estar exenta de cualquier restricción mientras que serían las aplicaciones concretas del conocimiento científico y ciertos desarrollos tecnológicos los que han de ser regulados. Sin embargo, el surgimiento de las tecnociencias a partir de la Segunda Guerra Mundial ha hecho que esta separación tajante entre el conocimiento y su uso tecnológico se vuelva más difícil. No toda la investigación actual puede calificarse de tecnocientífica, eso es verdad, pero sí lo es buena parte de la que se ha hecho en los campos en los que hemos visto un progreso más rápido, como es el caso de la genética, la biología molecular, la farmacología, la biología sintética, las ciencias biomédicas, la física de materiales o las ciencias de la computación, incluyendo la inteligencia artificial.

Las amenazas evidentes de un desarrollo tecnocientífico descontrolado, en manos solo de grandes corporaciones privadas, así como la proliferación de tecnologías de doble uso, que podrían ser utilizadas para fines perversos, han contribuido a que la cuestión se haya planteado de nuevo, y en términos acuciantes. Uno de los momentos más intensos fue en 2011, a raíz de la posibilidad de publicación de un artículo, que finalmente vio la luz en la revista *Nature* en 2012, en el que se describía una manipulación del virus N5H1 (el de la gripe aviar) que lo hacía más contagioso para los mamíferos y, por tanto, también para los humanos. Recuérdese que ese virus mató casi al 60 % de los varios centenares de personas infectadas entonces. La NSABB (National

Science Advisory Board for Biosecurity) había recomendado que no se publicara dicho artículo, ante el peligro de que esos conocimientos fueran utilizados por bioterroristas. Era la primera vez que hacía una recomendación así, aunque luego revirtió su decisión. Anteriormente, en 2002, se había suscitado una discusión análoga a raíz de la publicación de la descripción de la síntesis del virus de la polio usando ADN que podía conseguirse por correo. Y en 2005, un equipo de científicos norteamericanos fue capaz de reconstruir el terrible virus de la gripe española a partir de material obtenido en un cadáver encontrado en Alaska; un virus que mató a más de cincuenta millones de personas (Kourany, 2016). También en el campo de la inteligencia artificial se discute desde hace tiempo en qué casos se debe permitir el acceso al código fuente o, por el contrario, se debe limitar esa accesibilidad. El énfasis está puesto aquí no tanto en la investigación como en la publicación de los resultados de forma completa y detallada.

¿Pero qué ocurre si un tema no tiene demasiado interés en sí mismo, porque no aporta gran cosa a nuestro conocimiento del mundo, y, sin embargo, su indagación pudiera tener consecuencias muy dañinas para algunas personas? Quizás no tenga mucho sentido decir que hay conocimientos cuya posesión sea intrínsecamente inmoral (hay quien sostiene que solo esto debería considerarse conocimiento prohibido *stricto sensu*), pero podemos imaginar casos en los que casi cualquier aplicación de ese conocimiento sería dañina para los seres humanos y, por tanto, no sería descabellado deliberar con calma sobre la conveniencia de prohibir la investigación encaminada a su obtención. Supongamos que alguien quiere averiguar si se puede dotar de mayor autoconsciencia e inteligencia a un simio, o quiere investigar sobre la posibilidad de modificar un virus para que afecte en especial a determinados grupos étnicos, o busca sintetizar una droga que permita controlar la voluntad de otro ser humano de forma inadvertida y durante largos periodos. ¿Tendría sentido en estos casos no poner límites a la búsqueda de esos conocimientos, sino solo a su difusión o aplicación?

Uno de los temas que suscita recurrentemente este debate es el de los estudios sobre diferencias raciales (o de género) en relación con la inteligencia. Estos estudios son siempre problemáticos porque, para empezar, no hay consenso sobre la existencia objetiva de razas ni sobre lo que realmente miden los test de inteligencia. Pero, sobre todo, el problema estaría en los resultados. Si no confirman la tesis de la desigualdad, ¿beneficiará eso en algo a los afectados? Y si, por el contrario, confirman la tesis de la desigualdad, ¿perjudicará eso a los afectados? Es clara la asimetría que aquí se produce, como se ha encargado de subrayar Philip Kitcher (2001, cap. 8), puesto que muy probablemente, si se da el primer resultado, el beneficio será mínimo, mientras que, si se da el segundo, el perjuicio podría ser enorme. Cualquier grado de confirmación, por débil que sea, de la hipótesis de la existencia de diferencias raciales o de género en inteligencia aumentará mucho más la creencia en la existencia de esas desigualdades, y en que son ellas las que explican las situaciones sociales existentes, de lo que sería capaz de reducir esa creencia la refutación empírica de la hipótesis.

Los que piden la prohibición de este tipo de estudios no buscan censurar por razones políticas una investigación pura y desinteresada, sino cuestionar política y epistémicamente aquella investigación que, cuando se lleva a cabo, se espera desde el primer instante que tenga consecuencias políticas y sociales que afectarán a la situación de muchas personas. No se trata de algo comparable a lo que sucedió en el caso Lysenko, en el que la genética mendeliana fue rechazada porque Lysenko, Stalin y otros la consideraron incompatible con la doctrina marxista. Este fue un caso claro de censura ideológica totalitaria con consecuencias terribles. Poco o nada tiene que ver con las propuestas de control sobre investigaciones potencialmente dañinas, que representan peligros reales para personas concretas, con nombres y apellidos. No es el conflicto ideológico (que ciertamente lo hay) lo fundamental aquí, ni estamos ante el enfrentamiento entre la razón y el oscurantismo, sino solo ante la difícil elección, con el fin de evitar daños claramente identificables, entre diversos valores (la libertad de investigación y los posibles beneficios de saber algo frente a la igualdad y el bienestar de las personas). Entre las cosas valiosas en juego estaría, por ejemplo, el afianzamiento de las condiciones que hacen que esas personas vean mermada la posibilidad de acceder plenamente a sus derechos, como el derecho a la educación, y, con ello, al posterior disfrute por su parte del ejercicio de la misma libertad de investigación que tanto se valora.

Dicho de otro modo, para los que defienden la prohibición de estas investigaciones no se trata de prohibir verdades sobre el mundo porque resulten incómodas para grupos de poder, sino de no dar por verdaderas sin suficiente fundamento ideas que tendrían con seguridad efectos negativos difíciles de revertir. En tales casos, es mucho peor que en otros hacer pasar por conocimientos científicos sólidos lo que podrían ser meras especulaciones o hipótesis con dudosa base empírica detrás. Y difícilmente puede creerse, además, que los científicos sociales que eligen este tema están desprovistos de cualquier sesgo ideológico y solo les mueve la curiosidad intelectual. Compararlos con Galileo o Vavílov no deja de esconder una pretendida ingenuidad. Lo apunta con precisión Mauricio Suárez (2012): «la ciencia se asienta sobre la firme voluntad, fundada en las revoluciones científicas y sociales de la Ilustración, de superar prejuicios, mitos y tabúes. Pero no todo el conocimiento es necesario o está justificado, en cualquier momento, en cualquier contexto, o a cualquier precio».

No obstante, en este asunto concreto son muy pocos los que han exigido la prohibición expresa de toda investigación. Una de las razones principales la señala también Kitcher: la prohibición de investigar las diferencias raciales en los test de inteligencia puede tener efectos contraproducentes, puesto que incitaría a muchos a pensar que, si se prohíben este tipo de estudios es porque, en efecto, existen esas diferencias y por motivos políticos no se quieren reconocer. La prohibición no haría entonces sino reforzar los prejuicios raciales de esas personas. Pensarían que es un hecho incómodo pero innegable que ciertas razas tienen un menor CI y que esto se oculta porque vivimos en un mundo capaz de sacrificar la libertad de investigación al ídolo de la corrección política. En última instancia, este tipo de prohibiciones podría llevar a una pérdida de credibilidad en la propia investigación científica. Se la consideraría politizada y filtrada por intereses espurios y, por tanto, no merecedora de confianza. Y no sería este el único problema que encontraría la pretensión de prohibir investigaciones que se consideren éticamente censurables. Estarían también la dificultad de cualquier regulador para supervisar una investigación tecnocientífica que corre de forma acelerada, la imposibilidad de hacer efectivo un verdadero control internacional de la prohibición y la imposibilidad de predecir sus consecuencias, algunas de las cuales pueden ser muy negativas, y la dificultad para evitar los factores externos (ideológicos, religiosos, personalistas, etc.) que podrían sesgar la decisión de llevar a cabo la prohibición (Marchant y Pope, 2009).

La propuesta alternativa de Kitcher es la de crear las condiciones para eliminar en lo posible los prejuicios epistémicos que lastran determinadas hipótesis y que inducen a conclusiones erróneas. Prejuicios que, como puede documentarse bien en el pasado, llevan con frecuencia a sustentar posiciones firmes sobre evidencias que, sin embargo, no son concluyentes. Por ello, él cree que en este tipo de casos que estamos discutiendo cobra sentido la implementación de controles metodológicos más estrictos que, por ejemplo, impidan la sobrevaloración de una evidencia débil. Ya al comienzo de un libro de 1985 sobre la sociobiología sostenía que «cuando una afirmación científica tiene implicaciones en política social, los estándares de evidencia y de autocrítica deben ser extremadamente altos».

No parece que sea demasiado pedir que en tales circunstancias las exigencias de rigor metodológico se refuercen, sobre todo si tenemos en cuenta que este reclamo se empieza a escuchar en muchas ciencias debido al alto número de artículos retractados y a la crisis de reproducibilidad de la que ya hemos hablado. Entre las voces científicas que más claramente se han pronunciado sobre estas cuestiones tiene un lugar destacado un editorial de la revista *Nature Human Behaviour*, del 22 de agosto de 2022, que despertó una cierta controversia. En él leemos una declaración de principios muy explícita:

> Aunque la libertad académica es fundamental, no es ilimitada. Las mismas consideraciones éticas que se aplican a la investigación con participantes humanos deberían ser la base de la ciencia sobre seres humanos.
>
> Hay marcos éticos bien establecidos que rigen la realización de estudios con participantes humanos. Los organismos de ética de la investigación utilizan estos marcos para examinar prospectivamente si los proyectos de investigación que involucran a participantes humanos se alinean con los principios éticos.
>
> Sin embargo, estos marcos se aplican a la investigación que involucra la participación de humanos y generalmente no consideran los beneficios y daños potenciales de la investigación sobre humanos que no participan directamente en la investigación. Dicha investigación generalmente está exenta de revisión ética. [...]
>
> El avance del conocimiento y de la comprensión es un bien público fundamental. En algunos casos, sin embargo, los daños potenciales a las poblaciones estudiadas pueden superar el beneficio de la publicación. El contenido académico que atente contra la dignidad o los derechos de grupos específicos, suponga que un grupo humano es superior o inferior a otro simplemente por una característica social, incluya discurso de odio o imágenes denigrantes, o promueva perspectivas privilegiadas y excluyentes suscita preocupaciones éticas que pueden requerir revisiones o superar el valor de la publicación. [...]
>
> Garantizar que prospere la investigación realizada de forma ética sobre las diferencias individuales y entre los grupos humanos, y que no se desaliente ninguna investigación simplemente

porque pueda ser social o académicamente controvertida, es tan importante como prevenir daños.

Como aquí se nos dice, tenemos ya un amplio elenco de recomendaciones, códigos de conducta, protocolos éticos, prioridades en la financiación, etc., que, si bien siguen despertando recelos y la contestación en una parte de los investigadores, suelen ser acogidos con naturalidad por la mayoría de ellos, y someten sus trabajos a los dictámenes correspondientes. Las prohibiciones han quedado limitadas habitualmente a la utilización de ciertos procedimientos experimentales que puedan causar perjuicios a los seres humanos y a los animales. No hay investigación sensible que se financie con dinero público que no pase por una previa autorización de un comité de ética o similar. Según Kempner *et al.* (2005), hasta un 42 % de los científicos encuestados al respecto en Estados Unidos se han sentido censurados en alguna ocasión, sin embargo, las mismas encuestas dejan ver que los científicos prefieren directrices claras sobre las líneas recomendables para el desarrollo de sus investigaciones a encontrarse con impedimentos o dificultades posteriores por razones poco explícitas. Hace tiempo que Peter Singer destacó la importancia de todo esto: «Un sistema responsable de comités éticos consume tiempo y en ocasiones se llegará a conclusiones erróneas, pero es difícil pensar en un modo mejor de trazar la línea [entre lo que es éticamente aceptable y lo que no]» (Singer, 1996, p. 221). A ello debería añadirse la conveniencia de una sólida formación ética por parte de científicos e ingenieros, incorporada, preferentemente, a sus programas de estudios técnicos; una formación que fomente la responsabilidad individual y profesional en el trabajo científico. Sería un buen modo de reforzar el preconizado autocontrol de los investigadores.

Si bien este autocontrol de los científicos sigue siendo el ideal de libertad de investigación para muchos de ellos, en la actualidad parece claro que, por mucho que deba considerarse un medio importante, resulta insuficiente en determinadas circunstancias. Recordemos que buena parte de la investigación tecnocientífica se realiza bajo los auspicios de las empresas privadas. Siendo realistas, no cabe ignorar que la insistencia en el autocontrol equivaldría en tales casos a dejar esa parte de la investigación en manos de los directivos de las empresas o de los consejos de administración, no de los propios científicos. De ahí que en los últimos años haya aumentado el interés por la imprescindible gobernanza de la ciencia. Esa gobernanza puede tomar muchas formas, algunas de ellas todavía probablemente por descubrir, pero ya existen importantes manifestaciones de ella en los países con mayor desarrollo científico, como lo muestra el surgimiento de agencias como la anteriormente mencionada NSABB.

Es evidente que en esta tarea reguladora deben evitarse los excesos. Resulta lamentable que se hayan prohibido en ocasiones ciertas investigaciones por razones exclusivamente religiosas o ideológicas (como en el caso de las células madres embrionarias). Una excesiva regulación, que siempre genera la correspondiente burocracia, puede agostar la investigación y desanimar a los científicos en sus carreras. Por contra, no es probable que la prohibición universalmente aceptada de la investigación sobre clonación reproductiva en humanos disguste a muchos. La reacción frente a los excesos no debe llevar a la eliminación de toda regulación. La política del completo *laissez faire* no es aceptable para afrontar los desafíos del desarrollo tecnocientífico, y, de hecho, puede decirse que desde que existe la tecnociencia nunca lo ha sido. La dificultad está en los modos de implementar el control y con qué criterios, o, por decirlo en la terminología de Kitcher, la dificultad está en saber cómo conseguir una ciencia «bien ordenada».

Otro asunto estrechamente relacionado que aquí no podemos tratar es el de la investigación científica con objetivos militares. Las restricciones éticas deberían tener validez también para ellas, pero las condiciones para su control público son virtualmente inexistentes.

¿Tendrá la ciencia un final?

La rapidez asombrosa con la que se suceden las noticias de nuevos avances científicos (como los que se están produciendo en el estudio de la energía oscura, en el estudio del envejecimiento, en el estudio de nuestro cerebro y de la mente de los animales, en el de la epigenética, de las funciones del microbioma humano, de la reprogramación celular, en el análisis de los mecanismos que generan el cambio climático y los efectos de este cambio sobre el planeta y sobre nuestra salud, o el revolucionario descubrimiento de CRISPR-CAS9 y su función como herramienta de edición genética), de nuevas confirmaciones asombrosas de teorías aceptadas (como la detección de las ondas gravitacionales o el bosón de Higgs), de instrumentos cada vez más potentes (como el telescopio espacial James Webb de la NASA), de innovaciones médicas o tecnológicas (como las vacunas basadas en el ARN mensajero o el chat GPT y otros sistemas de inteligencia artificial, incluyendo el que es capaz de predecir el plegamiento de las proteínas), son aducidos como prueba fehaciente del enorme poder de la ciencia y la tecnología para transformar nuestras vidas y marcar la ruta de los años venideros. No obstante, desde hace un tiempo hay también voces que anuncian que la ciencia está agotándose debido precisamente a su éxito, es decir, está alcanzando los límites de lo científicamente cognoscible, y ven pruebas de ello en una cierta ralentización del progreso teórico en las últimas décadas. ¿Es ajustada a la realidad esa percepción?

La idea de que el progreso científico se está deteniendo o está llegando a su fin se viene repitiendo en la física al menos desde finales del siglo XIX, justo unos años antes de que se produjera la gran revolución que supuso en dicha disciplina la aparición de la teoría de la relatividad y la teoría cuántica. Es bien sabido que algunos grandes científicos se adscribían a esta tesis en aquel momento. Albert Michelson, por ejemplo, que era conocido por haber llevado a cabo junto a Edward Morley el famoso experimento con el interferómetro para detectar el éter, escribía en 1903 que «las leyes fundamentales y los hechos más importantes de la física han sido ya descubiertos, y están tan firmemente establecidos que la posibilidad de que sean alguna vez sustituidos como consecuencia de nuevos descubrimientos es extremadamente remota» (Michelson, 1903, p. 23-24).

En su famoso e influyente libro *La decadencia de Occidente*, cuyo primer volumen se publicó en 1918, poco antes del final de la Primera Guerra Mundial, Oswald Spengler escribía:

> El camino que sigue hoy [la ciencia], empieza ya a inclinarse hacia el descenso. Por eso puede preverse con seguridad su decadencia. [...] Ya en 1900 no hay sabios por el estilo de Gauss, Humboldt, Helmholtz. Han muerto los grandes maestros de la física, de la química, de la biología, de la matemática. Hoy vivimos el *decrescendo* de los brillantes epígonos que saben ordenar, reunir y concluir, como los alejandrinos en la época romana» (1993, 1, p. 528-529).

El final de Occidente, tal como lo conocemos, estaría en torno al año 2000, según una de las tablas que aparecen al final del libro.

Cuando se habla del final del progreso científico, habría que empezar por aclarar de qué hablamos exactamente. No es lo mismo el progreso entendido como el logro de teorías con mayor capacidad explicativa que entendido como aumento del alcance y la exactitud de las predicciones. No es lo mismo el progreso hacia una mayor simplicidad y unificación que el progreso hacia una mayor efectividad en la resolución de problemas, en el control y en la utilidad. No es lo mismo el progreso hacia unos métodos más estrictos de contrastación y de justificación que el progreso hacia una mejor y más profunda comprensión de la naturaleza o hacia teorías más verosímiles. La ciencia puede estar realizando en un momento dado grandes progresos en un sentido, pero no en otros. No es fácil decidir qué sentido de progreso científico consideramos más importante, y eso puede nublar nuestra visión del mismo.

Es muy posible que hoy se le conceda menos importancia al progreso conceptual y a los contenidos teóricos o matemáticos que al éxito práctico proporcionado por la ciencia aplicada y la tecnología. Ese éxito tecnológico, el más perceptible para la mayoría, ha llegado a convertirse en el referente casi único del progreso científico, para bien o para mal, y se juzga a toda la ciencia en función del aporte que realizan al mismo distintas disciplinas y enfoques teóricos. En todo caso, hay que tener en cuenta que los historiadores y filósofos de la ciencia hace tiempo que descartaron una imagen puramente acumulativista del progreso científico, en la que nunca se producirían pérdidas explicativas (Niiniluoto, 2017 y 2019).

Aunque el número de científicos en activo y de publicaciones científicas sigue creciendo y los avances tecnológicos nos sorprenden cada día, el periodista científico y divulgador John Horgan, en su libro de 1996 *The End of Science*, rescató la idea decimonónica de que la ciencia está alcanzando sus límites de progreso, al menos en el sentido de que ya no se producirán nuevas revoluciones científicas, sino a lo sumo pequeños incrementos decrecientes que rellenarán huecos, añadirán detalles, pero no darán un nuevo salto hacia ideas completamente desconocidas. Un poco antes, en 1993, el físico e historiador de la ciencia Derek de Solla Price había publicado un libro titulado *Little Science, Big Science*, que terminó volviéndose muy influyente, en el que, tras describir el crecimiento exponencial que había conducido desde la ciencia tradicional (la ciencia pequeña) a la megaciencia actual, sostuvo que ese crecimiento iba a agotarse pronto, debido sobre todo a los altísimos costes económicos que implicaba mantener la investigación a ese ritmo y que ya no podían asumirse por más tiempo. Al año siguiente, el sociólogo de la ciencia John Ziman, en su libro *Prometheus Bound. Science in a Dynamic Steady State*, abundaba en esta idea. La ciencia se encontraría ya en aquel momento en un estado estacionario dinámico *(dynamic steady state)*. La curva exponencial que representaba su crecimiento hasta entonces se había transformado en la fecha en que Ziman escribía en una curva logística, con una clara fase de meseta. Redondeaba este sombrío panorama de mediados de la década de 1990 el libro del biólogo molecular Gunther S. Stent, publicado en 1996, *The Coming of the Golden Age. A View of the End of Progress*, sobre todo su segunda parte, titulada «Ascenso y caída del hombre fáustico», en el que se anunciaba no solo el final de la ciencia, sino en términos spenglerianos, el fin de todo progreso en todos los ámbitos de la cultura. La física no sería una excepción, pese a su carácter menos limitado. No solo tendrá que enfrentarse a los problemas de un coste creciente y a los límites de las capacidades humanas, sino que

> el propio carácter abierto de la física parece traer consigo una limitación heurística, por paradójica que pueda parecer esta afirmación. En la medida en que puedo juzgarlo, las disciplinas fronterizas en los dos extremos abiertos de la física, la cosmología y la física de altas energías, parecen avanzar rápidamente hacia un estado en el que cada vez está menos claro qué es lo que se intenta averiguar en última instancia. ¿Qué significaría realmente comprender el origen del universo? ¿Y qué significaría haber encontrado por fin la más fundamental de las partículas fundamentales? Así pues, la búsqueda de una ciencia abierta también parece encarnar un punto de rendimiento intelectual decreciente. Ese punto se alcanza al darse cuenta de que su objetivo resulta estar oculto en una interminable y, en última instancia, tediosa sucesión de cajas chinas. (Stent, 1996, p. 113)

El agotamiento de la ciencia parece una consecuencia inevitable y casi de sentido común si tiene razón Horgan (2006) cuando afirma que «el descubrimiento científico se parece a la exploración de la Tierra. Cuanto más sabemos de nuestro planeta, menos queda por explorar. [...] Es improbable que los científicos descubran algo que sobrepase al *Big Bang*, la mecánica cuántica, la relatividad, la selección natural o la genética». Horgan concibe el progreso científico como una carrera hacia unos límites prefijados y bien definidos, que tarde o temprano terminarán por alcanzarse. Pero esta analogía contiene ya un sesgo en favor de sus tesis, puesto que presupone la existencia de esos límites de corta extensión. Cabe la posibilidad, sin embargo, de que la investigación científica no sea como la exploración de un planeta de tamaño medio, sino que se parezca más a la exploración cada vez más detallada y profunda de todo el universo, en la que un nivel de análisis revele niveles superiores de complejidad cada vez en mayor cuantía. Niveles que no por ser más refinados tendrían necesariamente menor importancia teórica o práctica. Ya nos enseñó Popper (y antes que él, Kant) que en el intento de encontrar hipótesis que puedan responder a las preguntas planteadas en el proceso actual de investigación, se abren siempre nuevas preguntas que reclaman a su vez una contestación.

El progreso podría consistir justamente, como recoge Nicholas Rescher en su libro *Los límites de la ciencia* (1994), en la disminución de la proporción de preguntas contestadas, o lo que es igual, en el aumento de la ignorancia percibida. Y no se puede nunca descartar que para contestar a las nuevas preguntas sea necesario formular teorías que revolucionen un campo. Además, muchas veces, el avance en los conocimientos se produce por la mera reducción (conexión) de los niveles superiores de complejidad a los inferiores. Del mismo modo, no conviene olvidar que el progreso científico obedece en ocasiones no tanto a un avance en los conocimientos como a un avance en los métodos. Estos cambios metodológicos fueron puestos de relieve por Thomas Kuhn y por Larry Laudan, aunque el primero elaboró una visión del cambio científico basada en las grandes revoluciones mientras que el segundo pensó que el cambio en la ciencia es siempre gradual y evolutivo. Thomas Nickles ha destacado estos cambios en los métodos de investigación como una de las razones que hacen que el progreso científico deje de ser lineal y se transforme en determinados momentos en un progreso no lineal, con resultados impredecibles en la innovación.

¿Por qué parece —escribe— que el índice de progreso puede ralentizarse? Una razón principal es seguramente esta: es fácil cometer un tipo de falacia del fin de la historia (como la llamo yo), que nos lleve a infravalorar el impacto fundamental del trabajo reciente, mientras que nos plegamos ante los importantes desarrollos del pasado. Vivimos constantemente, de un modo redundante, al final de nuestra propia historia, sea una historia individual o comunitaria o la de la civilización humana como un todo. Este hecho nos pone en una posición privilegiada para ver las consecuencias a largo plazo de los resultados logrados hace décadas o siglos, pero poca posibilidad de valorar los impactos futuros. De nuevo encontramos aquí no linealidad. Los que nos pueden parecer ser resultados moderadamente interesantes (dado que aquellos de nosotros que siguen el desarrollo científico y tecnológico están hastiados del torrente de noticias que nos llegan) pueden tener un extraordinario impacto futuro. (Nickles, 2016, p. 46)

Quizás, para obtener una imagen más ajustada de lo que sucede en la investigación, habría también que analizar la cuestión considerando disciplinas diferentes. Puede que unas estén en una fase de ralentización debido a limitaciones metodológicas, conceptuales, tecnológicas o económicas, como las que imposibilitan por el momento someter a contrastación empírica la teoría de cuerdas en la física teórica (pero téngase en cuenta que la materia ordinaria, que es lo que principalmente estudia la física, es solo el 5 % del universo, según establecen las teorías vigentes), mientras que otras disciplinas (como la genética, las neurociencias o la inteligencia artificial) pueden estar en una fase de expansión. E incluso surgen cada cierto tiempo nuevas disciplinas o especialidades, como la biología sintética a principios de este siglo. El progreso lleva diferentes ritmos en diferentes especialidades. Por usar un ejemplo que Horgan cita, es ciertamente difícil encontrar en la biología evolutiva algo nuevo que iguale en importancia a la selección natural, y, sin embargo, en la actualidad se están produciendo en ese campo grandes avances teóricos y prácticos gracias al descubrimiento de mecanismos adicionales que han tenido un papel fundamental en la evolución, y especialmente en la aparición de las novedades evolutivas. Por otro lado, es algo común que los progresos en una disciplina aceleren los progresos en otras. Así, nuevos avances en la matemática podrían reactivar los progresos en física. El partidario de la tesis del final de la ciencia dirá que esto solo retrasa un poco ese final, pero no prueba que no vaya a existir tarde o temprano.

En nuestro país la tesis del final de la ciencia ha sido defendida con razones elocuentes por Jesús Zamora Bonilla en las páginas con las que culmina su libro *Contra apocalípticos* (2021, pp. 297 y ss.). «La principal idea que quiero defender —escribe en ellas— es que *el progreso científico, tecnológico y social terminará muchísimo antes de que lo haga la propia humanidad*». «Tenemos que hacernos a la idea —añade poco después— de que la *Era de los Grandes Descubrimientos Científicos ha pasado a la historia*, o pasará dentro de relativamente poco, como ocurrió con la "Era de los Grandes Descubrimientos Geográficos"». Según Zamora Bonilla, el progreso científico y técnico estaría siguiendo, como ya señaló Ziman, una curva logística. Tuvo un comienzo lento, experimentó una fase de crecimiento acelerado y está llegando ya en algunas disciplinas, o lo hará en un plazo no demasiado lejano, a su fase de meseta. Una vez alcanzada esa fase en todas las ciencias, «habrá de vez en cuando algunos "pequeños progresos", pequeñas mejoras aquí y allá, pero nada que cambie radicalmente las capacidades tecnológicas, sociales y económicas de la humanidad». El resultado de todo ello, tal como lo retrata en su libro, será un futuro de gran comodidad tecnológica sostenida, pero de un gran aburrimiento.

También sobre el progreso tecnológico algunos autores han visto síntomas de estancamiento. Por ejemplo, según Michael Hanlon (2014), los 25 años dorados de progreso tecnológico fueron de 1945 a 1971. Desde entonces, el ritmo de nuevos descubrimientos ha decaído. Él lo atribuye a tres factores principales: (1) la transformación del capitalismo en un capitalismo financiero, que concentra el capital en poquísimas manos poco interesadas, además, en el desarrollo tecnológico; (2) la creciente apuesta de los gobiernos por el sector privado, cuando los grandes descubrimientos se habían hecho en universidades públicas y en organismos sin ánimo de lucro; y (3) el aumento del miedo a la tecnología y a sus potenciales efectos.

Nueve años antes de ese trabajo, Jonathan Huebner argumentó que la tasa de innovación, entendida como el número de desarrollos tecnológicos importantes por año dividido por el número de habitantes en el mundo, había alcanzado su máximo en torno a 1873 y habría estado descendiendo con mucha rapidez a lo largo de todo el siglo XX, debido a que, aunque habría habido más descubrimientos que en el XIX, el incremento de la población fue muy grande. Como esa tasa de innovación encierra un inevitable componente subjetivo a la hora de decidir qué es un «desarrollo tecnológico importante», Huebner recurre, como alternativa objetivamente medible, a la tasa de invención en Estados Unidos, definida como el número de patentes por año dividido por la población de ese país. Dicha tasa alcanzó su máximo en 1916. No obstante, como ha argumentado algún crítico, incluso este índice basado en el número de patentes puede ser una elección cuestionable, puesto que no toda tecnología nueva se patenta. Por otro lado, quizás no tenga demasiado sentido dividir el número de innovaciones por año por el número de habitantes en el planeta. Puede haber un crecimiento muy grande en el número total de personas sin que quepa por ello esperar un aumento en las innovaciones, mientras que en los países con mayor capacidad para la innovación tecnológica el número de habitantes puede haberse mantenido más estable.

Un análisis posterior publicado en la misma revista y que abarca un plazo de tiempo muy anterior en la historia (Grinin *et al.*, 2020) ha llegado a conclusiones diferentes: ha habido estancamiento, pero la tendencia puede cambiar. Los autores de ese análisis no creen que la velocidad del progreso tecnológico vaya a ralentizarse o a estancarse en el futuro, aunque sí sostienen que sufrirá épocas de menor crecimiento. Afirman que:

> En la primera etapa de la revolución cibernética [desde la década de 1950 hasta 1995 aproximadamente], la velocidad del progreso técnico se aceleró, y en la segunda etapa (en la que estamos desde la década de 1990) se desaceleró. Creemos que esta desaceleración no cambiará hasta mediados de la década de 2030 o principios de la de 2040, después de la cual el crecimiento tecnológico experimentará una nueva aceleración. Entonces habrá una desaceleración gradual hasta el punto en el que se llegue a la singularidad, lo que producirá un cambio posterior del patrón.

Ellos creen que lo que potenciará esa aceleración previa a la desaceleración que termine en la singularidad serán los avances en medicina, propiciados por el envejecimiento de la población mundial y el aumento de la longevidad, pero también los avances en nanotecnología, en tecnologías cognitivas y en otras nuevas tecnologías, como la robótica. La aceptación por parte de estos autores de la idea de que a partir de mediados de este siglo se producirá esa singularidad tecnológica (el punto en el que las máquinas superinteligentes tomen el control, aunque ellos no la definen) hace, no obstante, que estas predicciones deban tomarse con prudencia. No es, desde luego, algo unánimemente aceptado que tenga que producirse esa singularidad. De hecho, la idea ha recibido numerosas críticas (Diéguez, 2017).

El optimismo de este análisis se ha visto a su vez contrarrestado por otro publicado después en la revista *Nature* (Park, Leahey y Funk, 2023). Este estudio es impresionante porque considera 45 millones de artículos y casi 4 millones de patentes para establecer el resultado; y la conclusión a la que llega es que, a pesar de que cada vez se publican más artículos científicos (o quizás por ello), la proporción de investigaciones auténticamente disruptivas, es decir, investigaciones que dejan obsoletos los conocimientos anteriores y redirigen un campo de estudio, ha disminuido de forma continua desde mediados del siglo xx hasta 2010, y lo mismo sucede con las patentes. Es cierto que el número absoluto de artículos disruptivos permanece más o menos constante, pero queda cada vez más enterrado en el creciente número de artículos que solo contribuyen levemente al progreso científico. Puede decirse que mientras la investigación aumenta, la auténtica innovación está estancada en un nivel difícil de superar.

Los artículos disruptivos pueden reconocerse porque reciben muchas más citas con el tiempo que los trabajos que estos mismos artículos citan, puesto que estos artículos citados quedan superados por lo establecido en los disruptivos. En el lenguaje empleado también pueden apreciarse diferencias. Los artículos científicos publicados en la década de 1950, por ejemplo, utilizaban con más frecuencia términos sinónimos de creación o descubrimiento, como «producir» o «determinar», mientras que los artículos recientes utilizan preferentemente términos como «mejorar», «incrementar» o «potenciar», que indican un progreso gradual más que una ruptura creativa. A su vez, los artículos científicos tienden a citar un rango más estrecho de conocimientos consolidados dentro de cada campo. Esta práctica es más segura para la carrera de los científicos, pero desincentiva la verdadera innovación. Estos resultados encajan bien con dos análisis previos, uno publicado en la *American Economic Review* (Bloom *et al.*, 2020) y otro publicado en PNAS (Chu y Evans, 2021). En el primero se daban datos para mostrar que la productividad investigadora de los científicos ha venido descendiendo desde 1930 en Estados Unidos una media de un 5 % cada año. En el segundo se documentaba que el aumento constante del número de investigadores y de publicaciones tiene el efecto pernicioso de que tienden a citarse cada vez más los mismos artículos, quitando visibilidad a otros que podrían ser más disruptivos. La innovación queda enterrada en la montaña de publicaciones que se hacen en buena medida solo para aumentar el curriculum, bajo la presión del «publica o perece». En todo caso, los autores del artículo de *Nature* no aceptan la tesis de Horgan. «La estabilidad que observamos en el número total de artículos y patentes —escriben— sugiere que la ciencia y la tecnología no parecen haber llegado al final de la "frontera sin fin". Queda espacio para el que los trabajos disruptivos contribuyan al progreso científico y tecnológico».

Sea como sea, difícilmente puede negarse que tiene sentido la idea de que, aunque sea a muy largo plazo, como posibilidad teórica, tendrá que producirse el agotamiento de la ciencia y de las grandes innovaciones tecnológicas. Algunos han sostenido que el fin de la ciencia vendrá porque llegará el momento en que ya no tengamos preguntas importantes que contestar, pero podría ser al revés. Podría suceder que siguiera habiendo progreso en la formulación de preguntas cada vez mejores y en mayor número, pero que no fuéramos capaces de contestarlas debido a su complejidad. Al fin y al cabo, la mente humana es un producto evolutivo limitado en sus capacidades y una ciencia que aumentara constantemente su dificultad podría quedar fuera de nuestro alcance en algún momento. También podría ocurrir que la contrastación de algunas hipótesis fuera demasiado costosa o estuviera definitivamente más allá de nuestras posibilidades tecnológicas, o que el aumento exponencial de publicaciones científicas terminara ahogando a las auténticas novedades, o que terminara por dominarlo todo el hombre-masa del que hablaba Ortega, desinteresado del esfuerzo constante que exige el mantenimiento de la ciencia y la tecnología, incluyendo un sistema educativo capaz de sostener el progreso en los conocimientos. Los límites de la ciencia serían en este caso límites humanos (Riegler, 1998; Clancy, 2022). Unos límites que entonces podrían ser superados en el futuro si la ciencia la hicieran máquinas superinteligentes capaces de disponer de todos los recursos posibles, pero incluso esas máquinas tendrían también sus propios límites físicos y computacionales (Wolpert, 2007).

Desde luego, hay un sentido trivial en el que el progreso de la ciencia y de la tecnología tendrá un final: lo tendrá el mismo universo. El segundo principio de la termodinámica es implacable, y terminará afectando a la propia ciencia. Lo que se discute aquí es el plazo; si será relativamente rápido y si ese agotamiento será muy anterior al final de nuestra especie. Pero me temo que sobre estos plazos poco se puede decir. Zamora Bonilla, por ejemplo, afirma que ese final puede llegar «dentro de unos cuantos cientos de años, o como mucho unos pocos milenios». Si nuestra especie va a sobrevivir millones de años, como él cree, el plazo es preocupantemente corto, ¿pero quién podría afirmar con rotundidad cómo será el estado de los conocimientos en el plazo de siglos o milenios? Quizás los transhumanistas tengan razón y para entonces la tecnología habrá permitido que dejemos de ser humanos y hayamos engendrado una especie poshumana, integrada con las máquinas superinteligentes, cuyas capacidades intelectuales superarán supuestamente en millones de veces a las nuestras. Eso daría a la ciencia (aunque no a nosotros) un plazo mucho mayor de existencia. Tampoco eso lo podemos descartar con rotundidad.

Es, por tanto, arriesgado decir que la ciencia y la tecnología están llegando a su fin, o que hay síntomas claros de que ese fin se va acercando, pero no lo es tanto afirmar que se están haciendo cada vez más difíciles los avances. Quizás llegue un momento en el que no seamos capaces de falsar (en sentido lakatosiano, no popperiano) nuestras mejores teorías científicas, es decir, podríamos ser capaces de encontrar los problemas que no se resuelven o las predicciones que fallan, pero no seríamos capaces de sustituirlas por teorías que hagan nuevas y mejores predicciones, algunas de las cuales sean además confirmadas. Quizás algo así no lleve al estancamiento definitivo, pero sí puede llevar a un largo proceso de crecimiento leve o a periodos de estancamiento.

Donde empiezan, sin embargo, a percibirse límites que claramente afectan a lo que puede hacerse ahora en investigación es en la financiación pública de la ciencia. En los países más desarrollados científicamente, esta financiación no crece lo suficiente como para satisfacer las necesidades de la ciencia de vanguardia, lo que está haciendo que una parte cada vez mayor se haga con capital privado. Un cambio así tiene sus peligros y son bien conocidos, empezando por la desatención de la investigación básica. Por si esto fuera poco, la obsesión por financiar prioritariamente proyectos que se presenten como rupturistas con los conocimientos bien establecidos, capaces en teoría de abrir nuevas áreas de investigación, está causando que la investigación rutinaria, gradual, la que Kuhn atribuye a la ciencia normal y que es fundamental para que se produzcan progresos en la ciencia (no todo progreso viene de la ciencia revolucionaria), esté resultando perjudicada. Esto es lo que se ha designado como la paradoja de la gran innovación *(breakthrough paradox)* (Falkenberg *et al.*, 2022). Puede que le estemos dando demasiada importancia a la ciencia revolucionaria pero que en el futuro sea la ciencia normal la que, de forma menos espectacular y radical, produzca los nuevos avances. Mantener el progreso científico, sea gradual o revolucionario, exige un esfuerzo constante y la sociedad en su conjunto debe estar comprometida con ese esfuerzo. Eso, al menos, todavía está en nuestras manos.

Agradecimientos

Algunas partes de este libro proceden de publicaciones anteriores, con extensas y numerosas modificaciones y adaptaciones. Agradezco a las personas que han dado su permiso para esta reutilización.

Partes del capítulo 1 proceden de los siguientes trabajos:

> «Delimitación y defensa del naturalismo (en la ciencia y en la filosofía)», en R. Gutierrez-Lombardo y J. Sanmartín (eds.), *La filosofía desde la ciencia*, Ciudad de México, Centro de Estudios Filosóficos, Políticos y Sociales Vicente Lombardo Toledano, 2014, pp. 21-49.
> «¿Existe "El Método Científico"? Filosofía y ciencia en el siglo XXI», *El Confidencial*, 16 de junio de 2020.

Algunos párrafos del capítulo 2 proceden de:

> «Certeza o aproximación: ¿a qué nos referimos cuando hablamos de "la verdad"?», *El Confidencial*, 13 de septiembre de 2022.

En el capítulo 3 he utilizado partes muy modificadas y actualizadas de los siguientes trabajos:

> «Negacionismo climático: no es solo la incultura científica», en *Revista de Libros*, diciembre de 2017. Recensión del

libro de P. Kitcher y E. Fox Keller, *The Seasons Alter. How to Save Our Planet in Six Acts*, Nueva York, Liveright Publishing Corporation, 2017.

«Antivacunas y anticiencia: la frustración por el desencantamiento del mundo», *El Confidencial*, 9 de enero de 2021.

«Negacionismo, anticiencia y pseudociencias: ¿en qué se diferencian?», *The Conversation*, 20 de enero de 2022.

«Entre éxitos y tópicos: esplendor y debilidad de la divulgación», *El Confidencial*, 22 de febrero de 2022.

Finalmente, el capítulo 4 procede, con modificaciones y añadidos, de los siguientes dos textos:

«¿Se agotará la ciencia algún día?», *The Conversation*, 17 de enero de 2021.

«¿Debería haber un conocimiento prohibido?», *Letras Libres*, 5 de noviembre de 2021.

Son muchas las personas que a lo largo de los últimos años me han ayudado de un modo u otro en la tarea de pensar y escribir sobre los temas de este libro. Aunque no estarán aquí todos sus nombres, he de mencionar en especial a alguna de ellas, como Daniel Arjona, Amelia Victoria de Andrés, Arantza Etxeberria, Pablo García Barranquero, José María Herrera Pérez, Francisco Lara, Pascual Martínez Freire, Félix Ovejero, Paul Palmqvist, Gonzalo Ramos, Federico Soriguer, Mauricio Suárez Aller, Ángel Valencia Sáiz y Jesús Zamora Bonilla.

Estoy también muy agradecido a los amigos de la Catacumba, especialmente a Manuel Arias Maldonado, José Antonio Montano, Luis Sanz Irles y Manuel Toscano, por tantas buenas conversaciones inspiradoras y ratos de necesario solaz epicúreo. Sin ellos, además, este libro no se titularía como se titula, porque ellos eligieron el mejor título. Del mismo modo, manifiesto aquí mi agradecimiento a mis compañeros de la Academia Malagueña de

Ciencias, que me hacen llegar sus reflexiones sobre temas diversos. También a todos los amigos de las redes sociales que comentan mis mensajes y aportan ideas interesantes que me hacen pensar. Le estoy también muy agradecido a mis alumnos, que tanto me han enseñado durante años y que me han obligado con sus preguntas y comentarios a pensar con detenimiento todas estas cuestiones, sin pasar por encima de ellas, para poder luego aclarárselas con algún fundamento. Finalmente, le agradezco a mis amigos de Facebook que me hayan distraído, ilustrado y alentado durante todo el tiempo en que necesitaba descansar mientras escribía el libro.

Bibliografía

Introducción

Echeverría, J. (2003), *La revolución tecnocientífica*, Madrid: FCE.
Welcome Global Monitor (2020), *How Covid-19 affected people's lives and their views about science*, [https://wellcome.org/reports/wellcome-global-monitor-covid-19/2020].

Capítulo 1

Beckermann, A., Flohr, H. y Kim, J. (eds.) (1992), *Emergence or Reduction? Essays on the Prospect of Nonreductive Physicalism*, Berlín: De Gruyter.
Bedau, M. y Humphreys. P. (eds.) (2008), *Emergence: Contemporary Readings in Philosophy and Science*, Cambridge: MIT Press.
Biddle, J.B. y Leuschner, A. (2015), «Climate skepticism and the manufacture of doubt: Can dissent in science be epistemically detrimental?», *European Journal for Philosophy of Science* 5, pp. 261-278.
Bird, A. (2019), «Systematicity, Knowledge, and Bias. How Systematicity made Clinical Medicine a Science», *Synthese* 196, pp. 863-879.
Blachowicz, J. (2009), «How Science Textbooks Treat Scientific Method: A Philosopher's Perspective», *British Journal for the Philosophy of Science*, 60, pp. 303-344.

BOUDRY, M. (2017), «Plus Ultra: Why Science Does Not Have Limits», en M. Boudry y M. Pigliucci (eds.) *Science Unlimited? The Challenges of Scientism*, Chicago: The University of Chicago Press, pp. 31-52.

BOUDRY, M., BLANCKE, S. y BRAECKMAN, J. (2010) «How Not to Attack Intelligent Design Creationism: Philosophical Misconceptions About Methodological Naturalism», *Foundations of Science* 15 (3), pp. 227-244.

BUNGE, M. (1985), *La investigación científica*, Barcelona: Ariel.

BUNGE, M. (2017), *Elogio del cientifismo*, Pamplona: Laetoli.

CLAYTON, P. (2004), *Mind and Emergence. From Quantum to Consciousness*, Oxford: Oxford University Press.

CORRADINI, A. y O'CONNOR, T. (eds.) (2010), *Emergence in Science and Philosophy*, Nueva York: Routledge.

COOPER, W.S. (2001), *The Evolution of Reason. Logic as a Branch of Biology*, Cambridge, Cambridge University Press.

CRANE, T. (2006), «Mental Causation», *Encyclopedia of Cognitive Science*, Wiley Online Library, pp. 1120-1125.

DE MELO-MARTÍN, I. y INTERMANN, K. (2018), *The Fight against Doubt. How to Bridge the Gap between Scientists and the Public*, Oxford: Oxford University Press.

DIÉGUEZ, A. (2013), «De nuevo, la mente como excepción. Algunos comentarios críticos acerca del antinaturalismo de Thomas Nagel», *Ludus Vitalis* XXI (39), pp. 343-354.

DIÉGUEZ, A. (2020), *Filosofía de la Ciencia. Ciencia, racionalidad y realidad*, Málaga: UMA Editorial.

DILWORTH, C. (2006), *The Metaphysics of Science*, Dordrecht: Springer.

DOUGLAS, H.E. (2009), *Science, Policy, and the Value-Free Ideal*, Pittsburgh: University of Pittsburgh Press.

EL-HANI, C.N. y PIHLSTRÖM, S. (2002), «Emergence Theories and Pragmatic Realism», *Essays in Philosophy* 3(2), pp. 143-176.

ELLIOT, K.C. (2022), *Values in Science*, Cambridge: Cambridge University Press.

ELSE, H. (2023), «Multimillion-dollar Trade in Paper Authorships Alarms Publishers», *Nature* 613, pp. 617-618.

FALES, E. (2013), «Is a Science of the Supernatural Possible?», en M. Pigliucci y M. Boudry (eds.) *Philosophy of Pseudoscience: Reconsidering the Demarcation Problem,* Chicago: University of Chicago Press, pp. 247-262.

FELDMAN, R. (2012), «Naturalized Epistemology», en E.N. Zalta (ed.), *The Stanford Encyclopedia of Philosophy* (edición verano de 2012).

FISHMAN, Y.I. (2009), «Can Science Test Supernatural Worldwiews?», *Science and Education* 18, pp. 813-837.

FISHMAN, Y.I. y BOUDRY, M. (2013), «Does Science Presuppose Naturalism (or Anything at All)?», *Science and Education,* 22, pp. 921-949.

FRANCESCOTTI, R.M. (2007), «Emergence», *Erkenntnis* 67, pp. 47-63.

GIERE, R. (2006), «Modest Evolutionary Naturalism», *Biological Theory,* 1 (1), pp. 52-60.

GIERE, R. (2010), «Naturalism», en S. Psillos y M. Curd (eds.), *The Routledge Companion to the Philosophy of Science,* Londres, Routledge, pp. 213-223.

HAWKING, S. y MLODINOW. L. (2012), *The Grand Design,* Nueva York: Bantam Books.

HOYNINGEN-HUENE, P. (2015), *Systematicity: The Nature of Science,* Oxford: Oxford University Press.

KIM, J. (1989), «The Myth of Nonreductive Materialism», *Proceedings and Addresses of the American Philosophical Association* 63 (3), pp. 31-47.

KIM, J. (1993), *Supervenience and Mind: Selected Philosophical Essays,* Cambridge: Cambridge University Press.

KITCHER, P. (2012), *Preludes to Pragmatism. Toward a Reconstruction of Philosophy,* Oxford: Oxford University Press.

KITCHER, P. (1993), *The Advancement of Science,* Nueva York-Oxford: Oxford University Press.

KISTLER, M. (ed.) (2006), *New Perspectives on Reduction and Emergence in Physics, Biology and Psychology*, número especial de *Synthese*, 151(3).

KORNBLITH, H. (1994), «Introduction: What Is Naturalistic Epistemology», en H. Kornblith (ed.), *Naturalizing Epistemology*, Cambridge: MIT Press, pp. 1-14.

KUHN, T. (1970), *The Structure of Scientific Revolutions*, Chicago: The Unversity of Chicago Press.

MADDY, P. (2002), *Naturalism in Mathematics*, Oxford: Clarendon Press.

MANTZAVINOS, M. (2019), «Science, institutions and values», *European Journal of Philosophy* 29, pp. 379-392.

MANTZAVINOS, M. (2021), «Institutions and scientific progress», *Philosophy of Social Sciences* 5(3), pp. 243-265.

MCARDLE, M. (2021), «Beware of "expert" consensus. The COVID-19 lab leak theory shows why», *The Washington Post*, 30 de mayo de 2021.

MCMULLIN, E. (1991), «Plantinga's Defense of Special Creation», *Christian Scholar's Review* 21(1), pp. 55-79.

MILLER, B. (2021), «When Is Scientific Dissent Epistemically Inapropriate?», *Philosophy of Science* 88(5), pp. 918-928.

NAGEL, T. (2012), *Mind and Cosmos: Why the Materialist Neo-Darwinian Conception of Nature Is Almost Certainly False*, Nueva York: Oxford University Press.

O'CONNOR, T. (2020), «Emergent Properties», en E.N. Zalta (ed.), *The Stanford Encyclopedia of Philosophy* (edición invierno de 2021).

OKASHA, S. (2002), *Philosophy of Science. A Very Short Introduction*, Oxford: Oxford University Press.

PAPINEAU, D. (2021), «Naturalism», en E.N. Zalta (ed.), *The Stanford Encyclopedia of Philosophy* (edición verano de 2021).

PENNOCK, R.T. (ed.) (2001), *Intelligent Design Creationism and its Critics*, Cambridge: MIT Press.

PIGLIUCCI, M. y BOUDRY, M. (eds.) (2013) *Philosophy of Pseudoscience. Reconsidering the Demarcation Problem*, Chicago: The University of Chicago Press.

PLANTINGA, A. (1996), «Methodological Naturalism?», en J. van der Meer (ed.), *Facets of Faith and Science*, vol. 1, Lanham: University Press of America, pp. 177-221.

PLANTINGA, A. (2011), «Content and Natural Selection», *Philosophy and Phenomenological Research* 83(2), pp. 435-458.

QUINE, W. v. O. (1969), «Epistemology Naturalized», en *Ontological Relativity and Other Essays*, Nueva York: Columbia University Press.

RITCHIE, J. (2008), *Understanding Naturalism*, Durham: Acumen.

RUDOLPH, J. (2005), «Epistemology for the Masses: The Origins of "The Scientific Method" in American Schools», *History of Education Quarterly* 45(3), pp. 341- 376.

SANKEY, H. (2015), *Ciencia, realidad y racionalidad*, Popayán: EUC.

SELLARS, W. (1963), «Empiricism and the Philosophy of Mind», en *Science, Perception and Reality*, Londres: Routledge and Kegan Paul, pp. 127-196.

SILBERSTEIN, M. (2012), «Emergence and reduction in context: Philosophy of science and/or analytic metaphysics», *Metascience* 21, pp. 627-642.

SOTLJAR, D. (2022), «Physicalism», en E.N. Zalta (ed.), *The Stanford Encyclopedia of Philosophy* (edición verano de 2022).

VISION, G. (2011), *Re-Emergence. Locating Conscious Properties in a Material World*, Cambridge: MIT Press.

ZAMORA BONILLA, J. (2017), *Sacando consecuencias. Una filosofía para el siglo XXI*, Madrid: Tecnos.

CAPÍTULO 2

AGAZZI, E. (2019), *La objetividad científica y sus contextos*, México: FCE.

BAKER, M. (2016), «1500 scientists lift the lid on reproducibility», *Nature* 533, pp. 452-454.

BEEBE, J. y Dellsén, F. (2020), «Scientific Realism in the Wild: An Empirical Study of Seven Sciences and History and Philosophy of Science», *Philosophy of Science* 87(2), pp. 336-364.

BOURGET, D. y Chalmers, D.J. (manuscrito), «Philosophers on Philosophy: The 2020 PhilPapers Survey» [https://survey2020.philpeople.org/]

BRAINARD, J. y YOU, J. (2018), «What a Massive Database of Retracted Papers Reveals about Science Publishing's "death penalty"», *Science* 25.

CANDAL-PEDREIRA, C. *et al.* (2022), «Retracted papers originating from paper mills: cross sectional study», *BMJ*, 379.

DIÉGUEZ, A. (2006), «Why Does Laudan›s Confutation of Convergent Realism Fail?», *Journal for General Philosophy of Science*, 37, pp. 393-403.

DIÉGUEZ, A. (2020), «Realismo científico: ¿cómo encajar los modelos?», en B. Borge y N. Gentile (eds.), *La ciencia y el mundo inobservable. Discusiones contemporáneas en torno al realismo científico*, Buenos Aires: Eudeba, pp. 223-254.

DOUGLAS, H.E. (2004), «The Irreducible Complexity of Objectivity», *Synthese* 138(3), pp. 453-473.

DOUGLAS, H.E. (2009), *Science, Policy, and the Value-free Ideal*, Pittsburgh: University of Pittsburgh Press.

ECHEVERRÍA, J. (2002), *Ciencia y valores*, Barcelona: Destino.

ELGIN, C.Z. (2017), *True Enough*, Cambridge: MIT Press.

ELLIOT, K.C. (2022), *Values in Science*, Cambridge: Cambridge University Press.

FANELLI, D. (2009), «How Many Scientists Fabricate and Falsify Research? A Systematic Review and Meta-analysis of Survey Data», *PLoS One* 4(5).

FERNÁNDEZ, N., BENITEZ, F. y ROMERO-MALTRANA, D. (2022), «Social Character of Science and Its Connection to Epistemic Reliability», *Science & Education* 31, pp. 1429-1448.

FLIER, J.S. (2017), «Irreproducibility of published bioscience research: Diagnosis, pathogenesis and therapy», *Molecular Metabolism* 6(1), pp. 2-9.

FUNTOWICZ, S.O. y RAVETZ, J.R. (1993), «Science for the postnormal age», *Futures* 25(7), pp. 739-755.

GOODMAN, S.N., Fanelli, D. y Ioannidis, J.P. (2016), «What does research reproducibility mean?», *Science Translational Medicine* 8(341).

GORDIN, M.D. (2021), *On the Fringe*, Oxford: Oxford University Press.

HABERMAS, J. (1984), *Ciencia y técnica como «ideología»*, Madrid: Tecnos.

HARRIS, R. (2017), *Rigor Mortis: How sloppy science creates worthless cures, crushes hope, and wastes billions*, Nueva York: Basic.

HULL, D. (1988), *Science as a Process*, Chicago: The University of Chicago Press.

HURST, L.D. (1996), «Why Are There Only Two Sexes?», *Proceedings of the Royal Society of London Series B-Biological Sciences* 26(3), pp. 415-422.

IOANNIDIS, J.P.A. (2014), «How to Make More Published Research True», *PLOS Medicine* 11(10).

KAMPOURAKIS, K. y McCain, K. (2020), *Uncertainty. How It Makes Science Advance*, Oxford: Oxford University Press.

KITCHER, P. (2001), *Science, Truth, and Democracy*, Oxford: Oxford University Press.

KOSKINEN, I. (2020), «Defending a Risk Account of Scientific Objectivity», *British Journal for the Philosophy of Science* 71, pp. 1187-1207.

LACEY, H. (1999), *Is Science Value-Free? Values and Scientific Understanding*, Londres: Routledge.

LATOUR, B. (1998), «¿Murió Ramsés II de tuberculosis?», *Mundo Científico* 190, pp. 72-73.

LATOUR, B. y WOOLGAR, S. (1989), *Laboratory Life. The Construction of Scientific Facts*, Princeton: Princeton University Press.

LAUDAN, L. (1981), «A Confutation of Convergent Realism», *Philosophy of Science* 48, pp. 19-48.

LONGINO, H.E. (1990), *Science as Social Knowledge: Values and Objectivity in Scientific Inquiry*, Princeton: Princeton University Press.

LONGINO, H.E. (1996), «Cognitive and Non-Cognitive Values in Science: Rethinking the Dichotomy», en L.H. Nelson y J. Nelson (eds.), *Feminism, Science, and the Philosophy of Science*, Dordrecht: Springer, pp. 39-58.

LONGINO, H.E. (2002), *The Fate of Knowledge*, Princeton, Princeton University Press.

MACHERY, E. (2020), «What is Replication?», *Philosophy of Science* 87, pp. 545-567.

MASSIMI, M. (2022), *Perspectival Realism*, Oxford: Oxford University Press.

MCINTYRE, L. (2020), *La actitud científica*, Madrid: Cátedra.

MERMIN, N.D. (1989), «What›s Wrong with this Pillow?», *Physics Today* 42(4), p. 9.

NIINILUOTO, I. (1999), *Critical Scientific Realism*, Oxford: Oxford University Press.

NIINILUOTO, I. (2017), «Optimistic Realism about Scientific Progress», *Synthese*, 194, pp. 3291-3309.

NIINILUOTO, I. (2020), «Escepticismo, falibilismo y verosimilitud», *Contrastes* 25(3), pp. 115-142.

ORESKES, N. (2019), *Why Trust Science?*, Princeton: Princeton Unversity Press.

PARKER, L. (2022), «Experts identified warning signs of fraudulent research: a qualitative study to inform a screening tool», *Journal of Clinical Epidemiology* 151, pp. 1-17.

PÉREZ, J.I. y SEVILLA, J. (2022), *Los males de la ciencia*, Pamplona: Next Door Publishers.

POPPER, K. (1997), *El mito del marco común*, Barcelona: Paidós.

PUTNAM, H. (1981), *Reason, Truth and History*, Cambridge: Cambridge University Press.

REED, B. (2022), «Certainty», en E.N. Zalta (ed.), *The Stanford Encyclopedia of Philosophy* (edición primavera de 2022).

REISS, J. y SPRENGER, J. (2020), «Scientific Objectivity», », en E.N. Zalta (ed.), *The Stanford Encyclopedia of Philosophy* (edición otoño de 2020).

REKKER, R. (2021), «The nature and origins of political polarization over science», *Public Understanding of Science* 30(4), pp. 352-368.

RENSTROM, J. (2022), «How Science Fuels a Culture of Misinformation», *OpenMind*, edición del 2 de junio de 2022.

RESCHER, N. (1999), *Razón y valores en la Era científico-tecnológica*, Barcelona: Paidós.

SUÁREZ, M. (ed.) (2009), *Fictions in Science. Philosophical Essays on Modeling and Idealization*, Nueva York: Routledge.

TARSKI, A. (1956), *Logic, Semantics, Metamathematics*, Oxford: Oxford University Press.

VICKERS, P. (2023), *Identifying Future-proof Science*, Oxford: Oxford University Press.

WEISBERG, M. (2007), «Who is a Modeler?», *British Journal for the Philosophy of Science* 58, pp. 207-233.

CAPÍTULO 3

ALBA RICO, S. (2022), «Breve nota en torno al fin del mundo», *Galde* 38, pp. 26-28.

BAUMGAERTNER. B., CARLISLE, J.E. y JUSTWAN, F. (2018) «The influence of political ideology and trust on willingness to vaccinate», *PLoS One* 13(1).

BARKER, D.C., DETAMBLE, R. y MARIETTA, M. (2022), «Intellectualism, Anti-Intellectualism, and Epistemic Hubris in Red and Blue America», *American Political Science Review* 116(1), pp. 38-53.

BERTIN, P. *et al.* (2021), «Stand out of my sunlight: The mediating role of climate change conspiracy beliefs in the relationship between national collective narcissism and acceptance of climate science», *Group Processes & Intergroup Relations* 24(5), pp. 738-758.

BROCKMAN, J. (ed.) (1996), *The Third Culture: Beyond the Scientific Revolution*, Nueva York: Touchstone.

BRONCANO, F. (2020), *Conocimiento expropiado. Epistemología política en una democracia radical*, Madrid: Akal.

CALLAGHAN, T. *et al.* (2019), «Parent psychology and the decision to delay childhood vaccination», *Social Science and Medicine* 238, 112407.

CIS (2020), *Efectos y consecuencias del coronavirus (ii). Avance de resultados. Estudio n.º 3302.* Noviembre 2020.

COOK, J. *et al.* (2013), «Quantifying the Consensus on Anthropogenic Global Warming in the Scientific Literature» *Environmental Research Letters* 8(2), 024024.

DIETHELM, P. y MCKEE, M. (2009), «Denialism: what is it and how should scientists respond?», *European Journal of Public Health* 19(1), enero, pp. 2-4.

DRUMMOND, C. y FISCHHOFF, B. (2017), «Individuals with greater science literacy and education have more polarized beliefs on controversial science topics», *Proceedings of the National Academy of Sciences of the USA* 114, pp. 9587–9592.

EASAC (2017), «Homeopathic products and practices. Assessing the evidence and ensuring consistency in regulating medical claims in the EU», *European Academies' Science Advisory Council (EASAC)* [https://easac.eu/publications/details/homeopathic-products-and-practices/].

ECKLUND, E.H. *et al.* (2017), «Examining links between religion, evolution views, and climate change skepticism», *Environment and Behavior* 49, pp. 985-1006.

FASCE, A. (2017), «What do we mean when we speak of pseudoscience? The development of a demarcation criterion based on the analysis of twenty-one previous attempts», *Disputatio. Philosophical Research Bulletin* 6(7), pp. 459-488.

FERNÁNDEZ-ARMESTO, F. (2016), *Un pie en el río. Sobre el cambio y los límites de la evolución*, Madrid: Turner.

FRASS, M. *et al.* (2021), «Homeopathic Treatment as an Add-On Therapy May Improve Quality of Life and Prolong Survival in Patients with Non-Small Cell Lung Cancer: A Prospective, Randomized, Placebo-Controlled, Double-Blind, Three-Arm, Multicenter Study», *The Oncologist* 26(3), p. e523.

HANSSON, S.O. (2020), «How not to defend science. A Decalogue for science defenders», *Disputatio. Philosophical Research Bulletin* 9(13), pp. 197-225.

HARDY, B.W. y TALLAPRAGADA, M. (2021), «The moderating role of interest in politics and news consumption in the relationship between political ideology and beliefs about science and scientists in the United States», *Group Processes and Intergroup Relations* 24(5), pp. 783-796.

HIRST, S., HAYES, N., BURRIDGE, J. *et al.* (1993), «Human basophil degranulation is not triggered by very dilute antiserum against human IgE», *Nature* 366, pp. 525-527.

HOLTON, G. (2002), *Ciencia y anticiencia*, Madrid: Nivola.

HÜBNER, J. y LÜBBERS, C. (2022), «Answer to the letter by Frass *et al.* to our systematic review», *Journal of Cancer Research and Clinical Oncology* 148, pp. 2939-2941.

HUME, D. (1981), *Tratado de la naturaleza humana*, Madrid: Editora Nacional.

JOLLEY, D. y DOUGLAS, K.M. (2014) «The Effects of Anti-Vaccine Conspiracy Theories on Vaccination Intentions», *PLoS ONE* 9(2).

JUNGWIRTH, P. (2011), «Physical Chemistry: Water's Wafer-thin Surface», *Nature*, 474 pp. 168-169.

KENNEDY, J. (2019), «Populist politics and vaccine hesitancy in Western Europe: An analysis of national-level data», *European Journal of Public Health* 29(3), pp. 512-516.

KITCHER, P. (2001), *Science, Truth, and Democracy*, Oxford: Oxford University Press.

KITCHER, P. (2011), *Science in a Democratic Society*, Nueva York: Prometheus Books.

KITCHER, P. y FOX KELLER, E. (2019), *Y vimos cambiar las estaciones. Cómo afrontar el cambio climático en seis escenas*, Madrid: Errata Naturae.

KOSSOWSKA, M., SZWED, P. y CZARNEK, G. (2021), «Ideology shapes trust in scientists and attitudes towards vaccines during the COVID-19 pandemic», *Group Processes & Intergroup Relations* 24(5), pp. 720-737.

LACEWING, M. (2013), «Could Psychoanalysis be a Science?», en K. Fulford *et al.* (eds.), *Oxford Handbook of Philosophy and Psychiatry*, Oxford: Oxford University Press, pp. 1103-1127z.

LACEWING, M. (2018), «The Science of Psychoanalysis», *Philosophy, Psychiatry, & Psychology* 25(2), pp. 95-111.

LEWANDOWSKY, S., OBERAUER, K. y GIGNAC, G.E. (2013), «NASA faked the moon landing —Therefore, (climate) science is a hoax: An anatomy of the motivated rejection of science», *Psychological Science* 24, pp. 622-633.

LEWANDOWSKY, S. *et al.* (2015), «Recurrent Fury: Conspiratorial Discourse in the Blogosphere Triggered by Research on the Role of Conspiracist Ideation in Climate Denial», *Journal of Social and Political Psychology* 3(1), pp. 142-178.

LEWANDOWSKY, S., COOK, J. y LLOYD, E. (2018), «The *Alice in Wonderland* Mechanics of the Rejection of (Climate) Science: Simulating Coherence by Conspiracism», *Synthese* 195, pp. 175-196.

LIGHT, N. *et al.* (2022), «Knowledge Overconfidence is Associated with Anti-consensus Views on Controversial Scientific Issues», *Science Advances* 8(29).

MATHIE, R.T. *et al.* (2014), «Randomised placebo-controlled trials of individualised homeopathic treatment: systematic review and meta-analysis», *Systematic Reviews* 142.

MARCOS, A. y CHILLÓN, J.M. (2010), «Para una comunicación crítica de la ciencia», *Artefactos* 3(1), pp. 81-108.

PEW RESEARCH CENTER (2015), «Americans, Politics and Science Issues» [https://www.pewresearch.org/science/2015/07/01/americans-politics-and-science-issues/]

POPPER, K. (1983), *Conjeturas y refutaciones. El desarrollo del conocimiento científico*, Barcelona: Paidós.

ROOZENBEEK, J. *et al.* (2020), «Susceptibility to Misinformation about COVID-19 around the World», *Royal Society Open Science* 7, 201199.

SHANG, A. *et al.* (2005), «Are the clinical effects of homoeopathy placebo effects? Comparative study of placebo-controlled trials of homoeopathy and allopathy», *The Lancet* 366, pp. 726-732.

SINATRA, G.M. y Hofer, B.K. (2021), *Science Denial. Why It Happens and What to Do About It*, Oxford: Oxford University Press.

VENARD, C. *et al.* (2008), «Regulation of neurosteroid allopregnanolone biosynthesis in the rat spinal cord by glycine and the alkaloidal analogs strychnine and gelsemine», *Neuroscience* 153(1), pp. 154-161.

WAGENKNECHT, A., DÖRFLER, J., FREUDING, M. *et al.* (2022), «Homeopathy effects in patients during oncological treatment: a systematic review», *Journal of Cancer Research and Clinical Oncology* 149, pp. 1785-1810.

ZOLLO, F. *et al.* (2017), «Debunking in a World of Tribes», PLOS ONE.

CAPÍTULO 4

BLOOM, N., JONES, C.I., VAN REENEN, J. y WEBB, M. (2020), «Are Ideas Getting Harder to Find?», *American Economic Review* 100(4), pp. 1104-1144.

Clancy, M. (2022), «Science is getting harder», *New Things Under the Sun* [https://www.newthingsunderthesun.com/pub/17ygmn8w].

De Solla Price, D.J. (1993), *Little Science, Big Science*, Nueva York: Columbia University Press.

Diéguez, A. (2017), *Transhumanismo. La búsqueda tecnológica del mejoramiento humano*, Barcelona: Herder.

Falkenberg, R. *et al.* (2022), «The Breakthrough Paradox. How Focusing on one Form of Innovation Jeopardizes the Advancement of Science», *EMBO Reports* 23.

Grinin, L., Grinin, A. y Korotayev, A. (2020), «A quantitative analysis of worldwide long-term technology growth: From 40,000 BCE to the early 22nd century», *Technological Forecasting and Social Change* 155, 119955.

Hagendorff, T. (2020), «Forbidden knowledge in machine learning reflections on the limits of research and publication», *AI & Society*.

Hanlon, M. (2014), «The golden quarter», *AEON* [https://aeon.co/essays/has-progress-in-science-and-technology-come-to-a-halt].

Horgan, J. (2006), «The Final Frontier: Are We Reaching the Limits of Science?», *Discover Magazine* [https://www.discovermagazine.com/the-sciences/the-final-frontier-are-we-reaching-the-limits-of-science].

Horgan, J. (2015), *The End of Science*, Nueva York: Basic Books.

Huebner, J. (2005), «A possible declining trend for worldwide innovation», *Technological Forecasting and Social Change* 72, pp. 980-986.

Kempner, J., Perlis, C.S. y Merz, J.F. (2005), «Forbidden Knowledge», *Science* 307, p. 854.

Kitcher, P. (1985), *Vaulting Ambition. Sociobiology and the Quest for Human Nature*, Cambridge: W Press.

Kitcher, P. (2001), *Science, Truth, and Democracy*, Oxford: Oxford University Press.

KOURANY, J. (2016), «Should Some Knowledge Be Forbidden? The Case of Cognitive Differences Research», *Philosophy of Science* 83(5), pp. 779-790.

MARCHANT, G.E. y POPE, L.L. (2009), «The Problems with Forbidding Science». *Science and Engineering Ethics* 15, pp. 375-394.

MICHELSON, A.A. (1903),   *Light Waves and Their Uses*, Chicago: The University of Chicago Press.

NATURE HUMAN BEHAVIOUR (2022), «Science must respect the dignity and rights of all humans», *Nature Human Behaviour* 6, pp. 1029-1031.

NICKLES, T. (2016), «Creatividad, no-linealidad y la sostenibilidad del progreso científico», *Factótum* 16, pp. 29-51.

NIINILUOTO, I. (2017), «Optimistic realism about scientific progress», *Synthese* 194(9), pp. 3291-3309.

NIINILUOTO, I. (2019), «Scientific Progress», en E.N. Zalta (ed.), *The Stanford Encyclopedia of Philosophy* (edición otoño de 2019).

PARK, M., LEAHEY, E. y FUNK, R.J. (2023), «Papers and Patents Are Becoming Less Disruptive Over Time», *Nature*, 613, pp. 138-144.

RESCHER, N. (1987), *Forbbiden Knowledge,* Dordrecht: Reidel.

RESCHER, N. (1994), *Los límites de la ciencia*, Madrid: Tecnos.

RIEGLER, A. (1998), «"The End of Science": Can We Overcome Cognitive Limitations?», *Evolution and Cognition* 4(1), pp. 37-50.

SINGER, P. (1996), «Ethics and the Limits of Scientific Freedom», *The Monist* 79(2), pp. 218-229.

SMITH, D.H. (1978), «Scientific Knowledge and Forbidden Truths», *The Hastings Center Report* 8(6), pp. 30-35.

SPENGLER, O. (1993), *La decadencia de Occidente*, Barcelona: Planeta-de Agostini.

STENT, G.S. (1996), *The Coming of the Golden Age. A View of the End of Progress,* Garden City: The Natural History Press.

SUÁREZ, M. (2021), «Los límites de la investigación científica», *The Objective* [https://theobjective.com/elsubjetivo/zibaldo-ne/2021-10-16/los-limites-de-la-investigacion-cientifica/].

WOLPERT, D.H. (2007), «Physical Limits of Inference», *ArXiv*, abs/0708.1362 [https://arxiv.org/pdf/0708.1362.pdf].

ZAMORA BONILLA, J. (2021), *Contra apocalípticos. Ecologismo, animalismo, posthumanismo*, Madrid: Shackleton books.

ZIMAN, J. (1994), *Prometheus Bound: Science in a Dynamic Steady State*, Cambrdige: Cambridge University Press.